OPOWIADANIA NIE Z TEJ WYSPY

Dziękuję wszystkim, którzy mnie wspierali, pomagając wierzyć
w siebie i w realizację moich marzeń i celów.
Szczególnie dziękuję (nie żyjącej już) Danucie Kułakowskiej,
mojej siostrze Barbarze Letachowicz,
Ryszardowi Sławczyńskiemu.

Izabella Degen

Izabella Degen

OPOWIADANIA NIE Z TEJ WYSPY

Wrocław 2008

Redaktor prowadzący
Ryszard Sławczyński

Na okładce obraz autorki

ISBN 978-83-61348-01-6

Druk i oprawa
Eurosystem
ul. Paczkowska 26
50-503 Wrocław
www.esd.pl

ŻYCIE JEST GRĄ

Ileż to już razy grałam. Nie tylko na korcie tenisowym, lecz tak naprawdę, w życiu. Wszystko wtedy stawiało się na jedną kartę, a gra toczyła się o los, o egzystencję. Dziś gram tylko o satysfakcję, o chromowany puchar. Dziś jest mój wielki dzień...

*

Była pogodna niedziela. Finał mistrzostw tenisowych miał się rozegrać po południu. Ogarnęły mnie wątpliwości, czy dam radę mojej przeciwniczce – o połowę młodszej, szybszej i lepszej technicznie. Lęk po ubiegłorocznym zerwaniu ścięgna Achillesa ciągle drzemie we mnie. Parę tygodni przerwy w aktywności życiowej, potem miesiące żmudnego treningu. Czas płynie szybko. Odzyskałam kondycję i uwierzyłam w swoje siły.

Ruszyłyśmy z Bellą, moim psem, na spacer do lasu, na mój „pagórek kontemplacji". Niebo z lekka pokryte poszarpanymi chmurkami, przez które przebijał błękit. Słońca jeszcze nie było, lecz czuło się jego ciepło. Szłyśmy moją ulubioną drogą. Wszędzie ciągnęły się łany dojrzałego zboża falującego jak morze. Minęłyśmy polanę. Wspinając się na stromą skarpę porosłą dzikimi różami i jeżyną, miałam uczucie, że pokonuję naturę. Dotarłyśmy na miejsce. Położyłam się na pożółkłej trawie i zastanawiałam, czy ktoś jeszcze tu przychodzi. Muszę wygrać ten mecz, muszę... Wygram... wygram... wygram...

Słońce leniwie przebijało się przez rozbite wiatrem chmury, świat powoli nabierał barw. Pokochałam to miejsce. Przychodziłam tu prawie co dzień – od wczesnej wiosny do późnej jesieni. A i zimą czasem odwiedzałam je często. Pierwszy raz zobaczyłam pagórek kiedyś w maju, kwitły mlecze i było tak wesoło, żółto. Od tej pory to miejsce moich rozmyślań, medytacji, a także miejsce, gdzie zostawiałam żal i łzy. Nawet Bella chętnie kładzie się tu koło mnie i leży spokojnie. Muszę wygrać ten mecz... muszę...

*

Na kortach tenisowych zebrało się już sporo gości; w większości rodziny członków klubu, ale i ludzie, którzy przyszli popatrzeć, jak się gra w tenisa. Przemaszerowałam przed szpalerem kibiców z torbą i rakietą. Poczułam się tu dziś dziwnie obco. Może miałam tremę, a może przeszkadzały mi ciekawskie spojrzenia. Co oni myślą... pewnie, że przytyłam... że nie dam rady Ester. Usiadłam na dole trybuny, z brzegu, gdzie nie było nikogo. Bez zaangażowania oglądałam jakiś mecz tenisowy. Ostre, aż kłujące słońce zapowiadało zmianę pogody. Na tarasie przed klubowym domkiem wrzało jak w ulu. Obserwatorów było coraz więcej. Mnie nie interesowało nic poza tym, że za parę chwil zagram mecz finałowy. „Muszę wygrać" – natrętnie krążyło mi w głowie. – *Bist du nicht fertig?* – wyrwało mnie z zadumy. Przede mną stała Ester gotowa do gry. Włosy miała splecione w warkocz, a spojrzenie zwycięskie. Zerwałam się na równe nogi. Znów musiałam przemaszerować przed szpalerem kibiców, aby dostać się do szatni. I znów czułam na sobie ciekawskie spojrzenia. Moje oczy szukały Ralfa, ale nigdzie go nie było. Czyżby zapomniał, że gram finał? Wczoraj obiecywał, że przyjdzie. „Właściwie jest mi to obojętne" – skonstatowałam. „Jeżeli chcę wygrać, to nie liczy się tu dla mnie nikt poza Ester".

Białą plisowaną spódniczkę „Lacosty" wkładam na szczególne okazje. Jak dziś. Popołudniowe sierpniowe słońce prażyło kąsającymi promieniami. Stałam na korcie spokojna i skoncentrowana jak rzadko w takiej chwili. Losujemy. Wybieram serw. Rozgrzewka. Odbijamy piłki mocno i pewnie. Wymiana jest długa, rytmiczny dźwięk strun rakiety i dźwięk odbijającej się piłki. I ciągle ta uporczywa myśl: „Czy wygram dzisiaj?". Zaczynamy. Serwuję, piłka leci jak torpeda. Wymiana szybka i agresywna. Pan Mietek zawsze mi mówił: „Graj na przerzut, a wygrasz na pewno". Pan Mietek – serce mi drgnęło. Spotkałam go w tym roku latem na kortach we Wrocławiu. Siedział w swoim kantorku i naciągał tenisowe rakiety. Zupełnie tak samo, jak przed dwudziestu pięciu laty. Co za wzruszające spotkanie po latach, w tym samym miejscu. Zawsze mi powtarzał: „Tenis jest jak życie, musisz walczyć, odpierać ataki". Nie, Ester, nie wygrasz tego gema, on już należy do mnie. Uderzam z pasją – raz na *forhend*, raz na *bekhend*. Jest równowaga. Teraz to już gem musi być mój.

Czuję zapach trawy spalonej od słońca, słyszę cykanie świerszczy. Gdzie ja jestem: na korcie czy na polanie? Serwuję mocno. Ester wyrzuca na *aut*. Prowadzę. Spoglądam ukradkiem do góry, w stronę trybun. Szukam Ralfa. Stoi oparty o ścianę, patrzy na mnie. A więc jest dla kogo grać. Serce wali mi z radości, a może niepokoju, że jeszcze tyle przede mną. „Panie Mietku, czy gram dobrze? Czy jest pan ze mnie zadowolony? Pamiętam, jak pan mnie uczył pierwszych kroków na korcie, pierwszych uderzeń piłki. Czy pamięta pan ten wieczór w Bydgoszczy? Mówił pan: 'Kiedyś musisz zacząć grać. Grać w życiu, grać z życiem i wygrywać. Uderzając w tę małą piłkę, nauczysz się odpierać ataki w życiu. Tenis i życie niewiele się różnią od siebie. Trzeba podbiec, uderzyć, odeprzeć, zaatakować i... wygrać'. Miałam wtedy szesnaście lat. Siedzieliśmy przy stoliku, pan pił koniak, ja wino. Pierwszy raz zdałam sobie sprawę, że pan jest mężczyzną. W tańcu pan mnie pocałował – byłam taka spłoszona. Powiedział pan: 'Jesteś jeszcze dzieckiem, graj w tenisa, ucz się życia, masz talent'". Znów zmiana pól.

Maluję na ziemi jeszcze dwie kreski, prowadzę 3:0. Ester pije wodę, zwilża sobie twarz, jest jej gorąco. Mnie też pot zalewa oczy, lecz mecz dopiero się rozpoczął. Wymiana piłek – cały rok czekałaś na tę chwilę, nie zmarnuj szansy, musisz wygrać. „Nie, nie! Piłka była dobra" – wykłóca się Ester. „Cholera jasna, chyba jesteś ślepa" – pomyślałam. Sędzia nakazuje powtórzenie piłki. Jestem zdenerwowana, to niesprawiedliwe. Atmosfera robi się gorąca. Widzowie gwiżdżą, jakieś okrzyki. Napięcie rośnie, zupełnie jak w Paryżu na Roland Garros lub w Wimbledonie. Gramy dalej... Gema wygrywam gładko. Jestem jak w transie, uderzam z całej siły, piłki są nie do odebrania, jak szczur uciekają Ester spod nóg. Jest zdenerwowana. Serwuje chaotycznie, a ja wszystko odbieram i posyłam jej po rogach. Momenty mej radości i jej bezradności odmierza żółta piłka, która wędruje tam i z powrotem jak bumerang. Jest 6:0, wygrałam seta. Drugi set. Ester prowadzi. Zamyśliłam się, rozprężyłam i jakby oddaliłam z pola walki. Nie, nie wolno tak, muszę powrócić na drogę zwycięstwa. Gdzie jest Ralf, dlaczego go nie ma?... Szukam go w trawie podczas księżycowej nocy. Czuję jego ręce, szybki oddech, słyszę szept: „Jesteś jedyna, niepowtarzalna, nikt ci nie dorówna...". O Boże, gdzie ja jestem? Wróć do gry, wróć, bo przegrasz.

Jestem jak ścianka treningowa, twarda, niezmienna, na każde uderzenie odpowiadam tym samym. Automatyczne riposty, jak w życiu. Ale czuję, że piłki tracą siłę i szybkość. Ester posyła je tam, gdzie zapragnie. Widzę Ralfa, jest niespokojny, znam jego zachowanie. Czy ja go w ogóle interesuję jako człowiek, czy jestem dla niego tylko synonimem seksu?

Zaciskam zęby, muszę, muszę. Najchętniej pobiegłabym na swój „pagórek medytacji", by zaczerpnąć nowej energii. Zwariowałam chyba, Ester jest młodsza o połowę. Mogłabym być jej matką. Chciałabym mieć taką córkę, jak ona. Oklaski. Nie, nie dla mnie, dla Ester. Mnie nikt tu nie klaszcze. Nie, nie mam już szans. Jestem tu obca, nikt by się nie cieszył, gdybym wygrała. Ciekawe, jak oni o mnie mówią: *„die Polin"*, *„Ausländerina"*? Ester prowadzi 3:1. Jeszcze nic straconego. Znów sprężam się wewnętrznie. Uderzam mocniej, zmieniam długość piłki. Staram się grać krótkim, ostrym *crossem*. Zaczynam prowadzić i... wygrywam gema! Nogi mam ciężkie, głowę jakby spuchniętą, oddech szybki, urywany. Odbijam, przerzucam, chyba zbyt ostrożnie, muszę grać pewniej. A gra idzie właściwie o nic, o satysfakcję, o duży, chromowany puchar. O to, żeby w zimowe wieczory wspominać, kto wygrał, kto przegrał. Czuję się jak w teatrze na scenie. Widzowie na trybunach, a my na korcie gramy swoje role: zwycięzcy i pokonanego. Tak, tu, w tym miejscu upadłam, coś darło się w nodze jak stara szmata, nawet nie zabolało. To z tego kortu Ralf wynosił mnie na rękach. Czułam jego spocone ramiona, czułam jego ciepło. I od tego momentu wszystko się nagle w moim życiu odmieniło. Teraz czas mierzę rocznicami tego wypadku. Dlatego dziś, właśnie na tym korcie, muszę ten mecz wygrać. Udowodnię sobie i innym, że jestem tu najlepsza. Znów uderzam z pasją, nadaję piłce magiczną siłę. Siłę mych myśli i pragnień. Byle wytrwać, wytrwać do końca. To już trzecia godzina gry, jestem zmęczona. Ester zaczyna grać *topspin*, czego nie lubię. Piłka skacze wysoko i trzeba bardzo się koncentrować, aby odebrać. Ale to już ostatnie piłki, ostatnia szansa... walcz... walcz! Pot strugami zalewa mi twarz, czuję jego słony smak. Piłka wali we mnie jak torpeda. Odpieram ataki z furią. Uderzam, mam przewagę, prowadzę. Niech się stanie cud, muszę wygrać! Widzę jedynie czerwoną nawierzchnię kortu i żółtą piłkę, która mnie bez ustanku atakuje. Otaczający świat rozpłynął się jak we mgle. Jestem tylko ja i piłka. Słyszę jej dźwięczne odbicie i echo wołające: – Wygrasz, wygrasz... wygrałaś... Wygrałaś mecz... wygrałaś życie... wygrałaś siebie.

Kirchwald, sierpień 1989

METANOJA
CZYLI SZKOŁA UCZUĆ

Droga Izabello

Pragnę Cię powitać w gronie moich uczniów. Metanoja, to proces poznawania siebie, pozbywania się złych nawyków i zastępowania ich dobrymi. Jest to proces odradzania się. Metanoja trwa siedem dni, czas ten może się stać początkiem czegoś nowego w Twoim życiu. Będziesz miała możliwość powrotu do czasów dzieciństwa i przeanalizowania tego, co było dobre, a co złe. Przekonasz się, jaki wpływ na funkcjonowanie dorosłego człowieka ma okres dzieciństwa . Proszę, na ile czas Ci pozwala, zastanów się nad tym, co Cię w życiu gnębi, co Ci dolega. Staraj się w wolnych chwilach wrócić do wspomnień z dzieciństwa. Pozdrawiam Cię serdecznie i życzę powodzenia w procesie metanoi.

Günter

Dzień pierwszy

Spotkałyśmy się w pociągu. Brygit jechała z Kolonii, a ja dosiadłam się w Koblencji. Zmierzamy w kierunku Neunbergu. Rozpiera nas ciekawość. Obie dostałyśmy takie same listy od Güntera: trzeba zabrać ze sobą wygodne ubranie, sporo bielizny i podkoszulków na zmianę, kalosze, strój odświętny oraz przybory do malowania. Trochę nas to ubawiło. Czyżby w programie był plener malarski? *Metanoja*, rodzaj emocjonalnego treningu. Czuję wewnętrzny niepokój. Co mnie tam spotka? Pewnie metody, którymi posługują się terapeuci, są brutalne dla duszy. Ale już nie ma odwrotu, decyzja zapadła. Jedziemy z przygodami. W Neunbergu uciekł nam pociąg do Penig. Nie miałyśmy wielkiego wyboru: taksówka za duże pieniądze albo podróż podmiejską kolejką *Pendellino*. No więc *Pendellino*. Składająca się z trzech wagonów kolejka podmiejska jeździ tam i z powrotem, zatrzymując się na każdej stacji. Zainteresował się nami konduktor i radził wysiąść w Steinfeldzie. Z tej miejscowości mamy jeszcze trzy kilometry pieszo przez las, chyba, że odbierze nas ktoś z ośrodka terapeutycznego. W Steinfeldzie przywitał nas mroźny wiatr. Na stacji pusto i głucho. Ponad godzinę czekałyśmy na zimnie, przytupując nogami. Nieźle się zaczyna, ignorują nas. A może powinnyśmy iść te trzy kilometry z naszymi walizami? W końcu pojawił się Eduard, jeden z asystentów Güntera. Brygit była wściekła, ja raczej zobojętniała. Rahmeshof – malutka osada, parę zabudowań i budynek ośrodka terapeutycznego. Tu można dojechać tylko autem lub przyjść pieszo, nie ma żadnych środków komunikacji. Przybyłyśmy na seminarium jako ostatnie. W dużej sali jadalnej panuje dziwna atmosfera. Wszyscy coś piszą, głowy pospuszczane, skupienie na twarzach. Czuję napięcie w powietrzu. Dostałyśmy parostronicowy kwestionariusz do wypełnienia. Rozdzielono nas. Brygit do innego stołu i ja do innego. Günter, zawsze pogodny i uśmiechnięty, tym razem jest jakiś inny. Jego dwie asystentki Eva Maria i Chantal mają twarze ponure i nieprzeniknione... Co też nas tu czeka? Zbliża się czas kolacji. Herbata miętowa, ser żółty, czarny chleb – jak w więzieniu. Podczas kolacji rozdano regulamin, który należało podpisać i oddać. Regulamin bardzo rygorystyczny: za spóźnianie – wydalenie, jedna nieobecność – wydalenie, itd. Musimy oddać kluczyki od samochodów, nie wolno opuszczać ośrodka ani porozumiewać się z rodziną. Obowiązuje całkowite milczenie, aż do odwołania. Wolno tylko odpowiadać na pytania nauczycieli. Chantal prezentująca nam dzisiejszy program ma zimny, bezwzględny ton głosu.

*

Zaczęły się rozmowy indywidualne. Mnie zaliczono do grupy pod nazwą „Różowe okulary", tzn. stwierdzono, że jestem zbyt wielką optymistką! Nadano nam nowe, robocze imiona. Moje brzmi: „Marnujesz mi moje życie" – powtarzał mi to przez całe dzieciństwo ojciec. Inni mają imiona: Leniwy byk, Głupia świnia, Kłamca, Oszust...

Należę do grupy Güntera. Mimo że tym razem wydaje się inny, lubię go i tak. Żona Güntera jest Polką, ma na imię Dorota. Późny wieczór. Idziemy do dużej sali. Tu odbywa się medytacja ze światłem w celu nauczenia się osiągania iluminacji wizualnej. Siedzimy na ustawionych w krąg krzesłach. Günter nas wita, rozdając gorzką czekoladę. Trzeba zamknąć oczy, Günter każdemu daje do ręki ze słowami: „kocham cię".

*

...Mały Punkt Świetlny, punkt energii, wędruje z kosmosu na ziemię i znajduje kochającą się parę. Energia miłości tych dwojga ludzi przyciąga punkt świetlny i zamieszkuje on w łonie kobiety. Minęły dni, tygodnie i mały punkt stał się płodem. Rośnie z miesiąca na miesiąc. Przychodzi na świat z bólem, w szoku. Wyrwany z ciepła i miękkości, oderwany od matki. Zimno i szorstko wszędzie. Szarpią go jakieś ludzkie ręce. Czas mija. Rośnie karmiony przez matkę; lubi ten moment, gdy ona bierze go na ręce. Mijają lata, jest coraz więcej przykrych doświadczeń dzieciństwa i dorosłego życia. I oto nadchodzi dzień, kiedy przyjeżdża do Rahmeshofu pełen lęku i niepokoju. Tu spotyka swego Duchowego Opiekuna, który zaprowadzi go do świętego miejsca...

W tym momencie należało wizualizować swojego Opiekuna. Ukazała mi się pogodna, okrągła twarz z wielkimi oczyma, wysokim czołem, blond włosami. Przypominała moją lalkę z dzieciństwa, którą bardzo lubiłam. Nazwałam ją Dora. Dora poprowadziła mnie przez świetlany most do świętego miejsca – wspaniałego ogrodu z drzewami cytrusowymi. Rosło tam drzewo mojego życia – masywny orzech. Obok płynęła rzeka mojego życia, pełna zakrętów i brudów, ale powoli woda stawała się coraz bardziej przejrzysta. Na drugim brzegu ze złotym piaskiem było jeszcze piękniej. Popołudniowe słońce oświetlało wysoką skarpę, na której rosły okazałe krzewy i kwiaty. W tym ogrodzie siedzieli: mój Intelekt i moje Wewnętrzne Dziecko, kłócili się ze sobą. Podchodzę, rozmawiamy, próbujemy pozbyć się tego, co jest złe, co nam w życiu przeszkadza.

Medytacja trwała ponad trzy godziny. Potem należało opisać wrażenia, wypełnić ankietę i namalować *mandalę* – medytacyjny kolorowy obrazek. Te pierwsze nauki trwały do trzeciej w nocy.

Dzień drugi

Już o szóstej pobudka. Znów medytacja, tym razem dynamiczna – *kunadlini*, trzydzieści minut potrząsania ciałem. Wszyscy są mokrzy, w powietrzu woń potu. Śniadanie jak wczoraj: miętówka itd. Przy śniadaniu ogłoszono na dziś: „Dzień Matki"... i nic więcej. Potem zaprowadzono nas do dużej sali. Krzesła stały w rzędach, a przed nami stół nauczycielski. Rozpoczęła się medytacja polegająca na wzbudzaniu żalu i nienawiści do własnej matki. Był to właściwie bardzo drastyczny i bolesny proces przeciwko rodzonej matce. Następnie przyniesiono poduchy i parę pałek. Każdy po kolei musiał walić w poduchę. Bijąc w nią, uczył się wyrzucać swoją agresję. Po obiedzie ponownie zaprowadzono nas do dużej sali, gdzie w dwóch rzędach leżały poduchy, a na nich wielkie pały. Krótka medytacja wzmacniająca oskarżenie matki. A potem... około czterech godzin, non stop, walenia w poduchy. Ani na chwilę nie wolno było przerwać. Z ludzi lał się pot, resztkami sił walili pałami, jęcząc, płacząc, wyjąc... Wszyscy byliśmy na granicy wytrzymałości psychicznej i fizycznej.

Kolacja. Nadal obowiązuje milczenie. Wszyscy mamy spuchnięte twarze i bardzo smutne oczy. Po kolacji dalej walenie pałami, czyli „zabijanie mamusi". Klęczymy na kolanach i walimy w rytm muzyki dynamicznej medytacji. – „*Ich bringe dich um!*" – rozlega się chóralne wycie.

– Zabiję cię! Zabiję!... Zabiję!...

*

Wracamy do sali wykładowej. Teraz trzeba napisać dwa opowiadania: jedno o teraźniejszości, a drugie o dzieciństwie. Potem rozmowa z Günterem. Dostaję dodatkową pokutę – 250 uderzeń pałą z okrzykami: – „*Muter ist tot!*". Wracam do sali. Polecono mi napisać sześć stron oskarżenia matki. Piszę po polsku, bo i tak nikt tego nie będzie czytał; głównie chodzi o wylanie żalów. Znów siedzimy do trzeciej w nocy. Potem rozdano *mandale* do pomalowania i można już iść spać. Jest zimno, brak ciepłej wody, nie można się umyć – to też metody psychoterapeutyczne.

Dzień trzeci

Pobudka o piątej trzydzieści. Przy myciu zęby drętwieją od lodowatej wody. Umyłam włosy, zimno mi w głowę; dobrze że można wysuszyć suszarką. Dziś „Dzień Ojca". Zaczynamy o szóstej medytacją *kunadlini*. Wszyscy spoceni, zapach przepoconych ubrań. Nie ma czasu, żeby się przebrać. Milczenie surowo nakazane. Krótka przerwa na śniadanie i wysłuchanie programu dnia. Będzie podobnie jak wczoraj. Oskarżenie jak w sądzie, w formie procesu. Günter krzyczy na nas, Eva Maria wygląda jak czarownica. Przyglądam się im i szacuję, ile sadyzmu trzeba mieć w sobie, żeby takimi metodami pracować z ludźmi. I znów... walenie pałami, „zabijanie tatusia". – „*Vater ist tot! Vater ist tot!*" (...) Tym razem trwa to dłużej. Przerwy są krótkie, na wyprostowanie bolących kolan i złapanie oddechu. Pot się leje strumieniami, jęki, ryki. Do tego wrzaski nauczycieli: „Wal mocniej, ty śmierdzielu... Wal, ty leniwy warchole"...

Tracę poczucie czasu, nie wiem, jak długo tu jesteśmy. Wszyscy sprawiamy wrażenie ludzi u kresu swych możliwości. Obiad około piętnastej – grochówka i nic więcej. W kranie nadal zimna woda, a do picia tylko miętowa herbata. Ludzie jedzą słodycze jak opętani. Każdy w jakiś sposób chce złagodzić stres. Eva Maria zakazuje palenia papierosów i jedzenia słodyczy; twierdzi, że niszczy to sferę astralną, gdzie mieszczą się nasze uczucia.

Całe popołudnie piszemy oskarżenie ojca, tym razem dziesięć stron. I znów do dużej sali, i znów walenie pałą. – „*Vater ist tot! Vater ist tot!*"...

Dzień czwarty

Rano, jak zwykle, dynamiczna medytacja. Jesteśmy wykończeni. Wszyscy milczą, wśród uczestników seminarium zapanowała jakaś wielka obojętność. Przy tym organizatorzy niczego nie podają nam do wiadomości. Wszystko jest niespodzianką owianą tajemnicą. Zaprowadzono nas do obszernej sali. Na środku duży stół przykryty na czarno. Nasi nauczyciele w czerni, jak na pogrzeb. Ich twarze są zimne, złe. Zaczyna się oskarżanie rodziców. Atmosfera jak w sądzie lub na sabacie czarownic. Mocne słowa, przekleństwa, wszystko pod adresem rodziców. Całość ma formę swoistej medytacji. Potem znów piszemy; dziś nie ma przerwy na obiad, trzeba pisać w czasie posiłku. I znów medytacja oskarżająca rodziców, i znów pisanie. Wszystko co najgorsze trzeba przelać na papier, wyrzucić z siebie. Wieczór w dużej sali, tym razem nastrój luźniejszy. Naśladujemy naszych rodziców – pantomima. Po kolacji polecono nam ciepło się ubrać i zabrać wszystkie papiery oskarżające siebie i rodziców. Na środku podwórza płonęło ognisko: święty ogień. Każdy z pasją gniótł kartki strona po stronie i wrzucał do ogniska, aby w świętym ogniu raz na zawsze spłonęło to, co złe. I znów przepowiadanie grzechów i cichy szept: „Uwolnij się od tego". Noc, ogień płonie, a w nim nasze wady, negatywne wzorce, niepowodzenia życiowe. Dziś mija połowa procesu *metanoi*. Piszemy własną biografię, tym razem pozytywną. Na koniec, jak zwykle, malujemy *mandalę*.

Dzień piąty

Dziś jest „Dzień Współczucia i Wybaczenia", dzień budzenia pozytywnych uczuć ludzkich. Jak co dzień dynamiczna medytacja, śniadanie. Po śniadaniu czekamy przed dużą salą. Polecono nam zamknąć oczy i każdego osobno poprowadzono na miejsce, dopiero wtedy wolno otworzyć oczy. Widok dziwny. Poduchy ułożone w rzędy, przed każdą dwie świece nagrobkowe, dwa goździki – biały i czerwony i pluszowy misiek. Medytujemy, siedząc na poduchach. ...Dora prowadzi mnie do świętego miejsca, gdzie poznaję moją matkę. Moja mama jest małą dziewczynką, musi znosić kaprysy swojej matki, jest nieszczęśliwa. Opowiada mi o wszystkim... Współczuję jej. Dora prowadzi mnie dalej. Spotykam mojego ojca jako dwunastoletniego chłopca. Króciutkie włosy, koszula ze stójką, kamizelka, spodnie ni to długie, ni to krótkie. Opowiada mi o sobie i płacze... W domu wisi na ścianie skórzana dyscyplina, którą dostaje lanie za najdrobniejsze przewinienie. Pocieszam go, jak mogę. Puszczają moje blokady, płaczę, szlocham. Potem... oboje rodzice mają wypadek i są ciężko ranni. Siedzę przy ich łożu śmierci. I znów uczucie żalu i przebaczenia. Przypomniały mi się wszystkie upokorzenia z dzieciństwa. Wybaczam im. Tulimy do siebie pluszowe miśki i przemawiamy do nich czule. Żałobna muzyka Chopina, Bacha, Schuberta wypełnia salę. Rozpoczyna się ceremonia pogrzebowa. Günter i jego asystenci, ubrani na czarno, stoją ze świecami w rękach. Powoli podchodzą do każdego i zapalają nasze świece. Atmosfera pogrzebowa. Günter wygłasza mowę pożegnalną do rodziców. Teraz udamy się na pogrzeb. Wsiadamy do samochodów i jedziemy do pobliskiego miasteczka na cmentarz. Każdy zabiera ze sobą dwa goździki, dwie świece nagrobkowe oraz pisemną instrukcję i suchy prowiant na obiad. Na cmentarzu pozostaniemy dwie godziny. Do miasteczka mamy dwadzieścia minut. Jedziemy kolumną pięciu samochodów. Grupa liczy dwadzieścia dwie osoby. Wchodzimy na cmentarz. Wyglądamy osobliwie – ponad dwadzieścia osób, a każda z białym i czerwonym goździkiem i dwoma świecami. Sprawiało to wrażenie konwentyklu jakiejś sekty. Odwiedzający cmentarz przyglądali się nam z zaciekawieniem. Według otrzymanej instrukcji mieliśmy znaleźć dwa groby: jeden dla matki, drugi dla ojca. Następnie zapalić świecę, położyć kwiatek, wizualizować mamę lub tatę i rozmawiać z nimi. Prosić o wybaczenie, o wzajemne uwolnienie się od złej karmy, złego przeznaczenia, i – wraz z wizualizacją snopu światła – posłać ich do nieba lub w kosmos. Na zakończenie należało znaleźć grób dla siebie. Wybrałam sobie grób niejakiej Johanny Montgomery i leżąc na jej grobie wizualizowałam siebie. Spojrzałam na prawą i na lewą stronę życia. Lewa strona szara i jakby za mgłą. Prawa bardzo wyraźna. Leżałam w trumnie w pięknej czarnej sukni z fioletowym wykończeniem. Miałam ponad dziewięćdziesiąt lat. Piękny pogrzeb, mnóstwo kwiatów, tłum ludzi... Usiadłam na ławce, żeby to wszystko opisać. Jadłam suchy prowiant i przyglądałam się innym uczestnikom. W Rahmeshofie oczekiwał nas Günter z kawą i ciastem. Odbywała się nasza stypa, przy stole należało rozmawiać tylko o rodzicach. Wszelkie inne tematy były zakazane. Po stypie nastąpiły indywidualne rozmowy z nauczycielami. Güntera nie zachwyciły moje wizje. Zostałam wysłana na łąkę, dla przemyślenia jego uwag. Przyległa do zabudowań ośrodka łąka wyglądała jak prawdziwy cmentarz. Było już prawie ciemno, tu i ówdzie tliły się znicze nagrobkowe. Jak zwykle wieczorem – malowanie *mandali*. Günter obiecał, że od dziś każdy dzień będzie coraz piękniejszy.

Dzień szósty

Rano zapowiedziano, że dzisiejszy dzień jest przełomowy. Trzeba dać z siebie wszystko, bo inaczej nie pozbędziemy się nigdy obciążeń emocjonalnych i nigdy nie obudzimy w sobie miłości. Wprowadzono nas do sali i ustawiono w szachownicę. Najpierw odbyła się medytacja na klęcząco na gołej podłodze. Należało wziąć granatową kukiełkę i walić nią o podłogę, wyobrażając sobie, że zabija się własne małe dziecko. To było straszne. Spróbowałam dać z siebie wszystko, spełnić polecenia. Serce mnie bolało, w gardle dusiło, wyłam z żalu jak dziki zwierz. Nigdy nie przypuszczałam, że mam w sobie tyle do wyrzucenia, za całe życie. Trwało to dość długo. Dookoła było słychać jedno wielkie wycie i ryk. Następnie odbyła się lekcja miłości. Rozdano nam brązowe miśki. Tuliliśmy je do siebie, przepraszając, całując i mówiąc pieszczotliwie. Wyzwalając w sobie uczucie miłości, zamienialiśmy wszystko w pozytywne uczucia. Po seansie zemsty i miłości polecono nam starannie się wykąpać i całkowicie zmienić ubranie – prawie każdy był mokry od potu. Nareszcie z kranu płynęła ciepła woda.

Czyści, umyci i przebrani powracamy na dużą salę. Znów odbywa się medytacja – przyjścia na świat. Rodzę się, jestem dzieckiem, które rośnie, szuka uznania i miłości. Dzieckiem, które chce kochać i być kochane. Wszyscy jesteśmy dziećmi. Bawimy się, biegamy po sali, ciągniemy się za uszy, nosy. Gramy w gry dziecięce. Pełno hałasu i śmiechu. Dziś są nasze urodziny. Następnie polecono nam usiąść na materacach i zamknąć oczy. Gdy pozwolono je otworzyć, zobaczyliśmy Güntera przebranego za św. Mikołaja. Miał w ręku złotą księgę. Po chwili zaczął czytać przedziwne anegdoty, z których wyłaniały się kolejno nasze imiona. Wtedy należało wyjść na środek i pantomimą pokazać jakąś złą cechę oraz sposób, w jaki można ją zastąpić dobrą. Potem siadaliśmy Günterowi na kolanach i wyciągali z worka prezent. Trzeba było go symbolicznie zinterpretować i ucałować Güntera w policzek. Wreszcie ustawiono nas w pociąg i pojechaliśmy do sali jadalnej. Jadalnia była udekorowana girlandami, balonami. Stoły nakryto jak dla dzieci – same słodycze, czekolady, lizaki, cukierki... Z głośników dobiegała muzyka dziecięca. Zrobiło się wesoło i zabawnie. Chłopcy rzucali się cukierkami, umazano mnie śmietaną. Fajnie pobyć parę godzin dzieckiem. Co chwila rozlegało się „*Happy Birthday*". Śpiewaliśmy je dla każdego z osobna. Wieczorem znów wypełnianie ankiety, pisanie listu do Güntera i malowanie *mandali*.

Dzień siódmy

Dziś „Dzień Miłości i Pojednania", zapowiedziano na wieczór uroczyste przeżycie. Rano medytacja *kundalini* i *recycling*. *Recycling* to opracowana przez Güntera technika oczyszczania się z negatywnych wzorców i reakcji, które zostają zastąpione nowymi, pozytywnymi.

*

Po obiedzie zajęcia w grupach emocjonalnych. Każdy z nas musi pokrótce naszkicować obraz swego powrotu do środowiska, wskazać, co złego może go spotkać i jaką pozytywną reakcją to zniwelować. Zdanie afirmacyjne trzeba było powtarzać parę razy, z naciskiem, z odpowiednią barwą i intonacją głosu. Trzymaliśmy się mocno za ręce i patrzyliśmy sobie w oczy. W punkcie kulminacyjnym, gdy emocje się spotęgowały, głos przeradzał się w krzyk. Taka ekspresja nie jest zła, uwalnia. Nasze kółko emocjonalne trwało ponad trzy godziny. Byłam ostatnia. Na pytanie Güntera, jak widzę powrót do mojego świata, opowiedziałam mu zwięźle o sobie i naświetliłam moją wizję przyszłości:

– Wiem, że osiągnę w życiu dużo... bardzo dużo... osiągnę wszystko... *Ich will alles!* – zawołałam podniesionym głosem. – *Alles, alles, alles!... Ich will alles!...* – darłam się wniebogłosy. Tak oto zakończyłam mój trening emocjonalny okrzykiem zwycięstwa.

*

Nic nam dokładnie nie zapowiedziano, poza tym że mamy godzinę i że należy się elegancko ubrać. Odbędzie się medytacja kończąca proces *metanoi*. Włożyłam mój obcisły, czarny *overall*; koleżanki z pokoju były pełne zachwytu. Podobałam się też sama sobie. Moja twarz była jakby gładsza, zniknęło gdzieś napięcie i zmęczenie. Oczy miały wyraz łagodny, a zarazem były żywe i błyszczące. Ustawiono nas w grupy i zaprowadzono do dużej sali. Polecono zamknąć oczy. Wprowadzano nas po kolei, przy drzwiach każdego witał Günter, całując i gratulując zwycięstwa nad sobą. Gdy doszło do mnie, Günter objął mnie i przytulił:

– Zaliczyłaś swoją *metanoję*. Jestem pełen podziwu, mogłabyś już innych uczyć życia. Kocham cię – szepnął po polsku.

Dla niego to też pewnie przeżycie, przecież „kocham cię" mówi chyba tylko do swojej żony Doroty.

Wręczono mi bukiecik z białą różą, posadzono i pozwolono otworzyć oczy. Krzesła były ustawione w półkole. Wszyscy, którzy już siedzieli, trzymali w ręku kwiaty. Przed nami stał stół przykryty białym obrusem. Na stole świece, bukiety, na podłodze przed stołem przepiękna kompozycja z białych kwiatów. Po obu stronach stołu stała asysta, po jednej stronie kobieta, po drugiej mężczyzna z zapalonymi świecami w ręku. Było nastrojowo i uroczyście, a migotliwy blask świec i pełgające cienie nadawały osobom i przedmiotom jakiś szczególny, tajemniczy wdzięk.

Gdy wszyscy zajęli miejsca, Günter rozpoczął pożegnalną medytację – medytację światła. I znów wszystko od początku. Najpierw pustka, potem Punkt Świetlny, małe Zbuntowane Dziecko i wyniosły Intelekt, który wszystko wiedział lepiej. W świętym miejscu, w Rahmeshofie rodzi się Duchowy Opiekun, czyli Spiri. Spiri powoli rośnie i zaczyna wywierać wpływ na Zbuntowane Dziecko i na zarozumiały Intelekt. Ponowne przywołanie rodziców, dziadków, zobaczenie ich jako dzieci i ponowne wybaczenie im wszystkiego, co było złe. Wybaczenie i uwolnienie się od złej karmy. Następnie wizualizacja najbliższych, rodziny, przyjaciół, ludzi, z którymi łączy się nasz los. I raz jeszcze przywołanie dziadków, matki, ojca. Wizualizacja długiego sznura pępowiny i wyrwanie jej z łona. Ostateczne oddzielenie się od złych nawyków i wzorców przejmowanych z pokolenia na pokolenie. Oderwanie się od wiecznego żalu, pretensji i nienawiści do rodziców. I w końcu święte miejsce w Rahmeshofie, gdzie następuje pojednanie czterech aspektów człowieka: duchowego Ja, Intelektu, Zbuntowanego Dziecka i Ciała jako naczynia pierwiastków duchowych. Polecono otworzyć oczy. Günter zapala cztery świece symbolizujące te cztery elementy. Zamykamy oczy i na nowo przeżywamy moment swych powtórnych narodzin. Przyjście na świat jako człowiek oczyszczony od złej karmy. Raz na zawsze uwalniamy się od tego, co było przekazywane przez pokolenia i czego my byliśmy nośnikiem. Mój spirytualny Opiekun prowadzi mnie do świętego miejsca. Jest tu pięknie. Wspaniała, bujna roślinność, ptaki śpiewają, rzeka mojego życia ma czystą, kryształową wodę. Uczucie szczęścia i radości wypełnia mnie od palców stóp do czubka głowy. W tym momencie rozlega się głośna, ekspresyjna muzyka symfoniczna, która porusza i wprawia w drżenie każdą komórkę ciała. Kończy się medytacja, powracamy do rzeczywistości. Pijemy symboliczny toast, życząc sobie szczęścia i miłości w nowe urodziny. Bierzemy kwiaty i zapaloną świeczkę, przechodzimy do sali jadalnej, gdzie odbędzie się party urodzinowe. Jest bardzo uroczyście, wykwintne menu, tort ze świeczkami. Zdejmujemy tabliczki z naszymi roboczymi imionami. Na zakończenie zabawa, tańce do rana. Uczucie radości i wolności rozpierało uczestników.

*

Wszystko ma swój początek i koniec. Atmosfera pożegnania. Günter rozdaje słodką mleczną czekoladę i całuje nas. Każdy otrzymuje kasetę z małą *metanoją* i na nowe życie. Jeszcze tylko krótka, ostatnia medytacja. Günter żegna nas słowami pełnymi prawdziwej miłości. Jest fascynującym człowiekiem, wygląda młodo, ma bardzo pogodną twarz, wspaniałe oczy i osobowość księdza, ojca, czarownika. Jest w nim coś tajemniczego, niezwykłego. Dni spędzone razem w procesie *metanoi* były wspaniałym i niepowtarzalnym przeżyciem. Tak różnorodnych uczuć naraz, w krótkim czasie siedmiu dni, nie przeżyłam nigdy.

Metanoję można przejść tylko raz w życiu. Mam uczucie błogiej ciszy wewnętrznej. Nabrałam przez te dni wrażliwości i ciepła. Moje oczy emanują innym blaskiem, z piersi wyrywa się okrzyk: „Chcę osiągnąć wszystko! Wszystko!”.

Nürnberg, luty 1995

PRZESUNIĘCIE W CZASIE

Leżę na podłodze, moje ciało jest ciężkie i szerokie. Zamykam oczy. Powoli oddalam się od codzienności. Jeszcze dobiega mnie daleki rytm ulicy. Jeszcze słyszę szept mojej terapeutki. Jestem już całkiem obojętna na to, co zewnętrzne. Zatapiam się w stan hipnozy. Przed oczyma przesuwają się moje ojczyste krajobrazy. Łąka pełna kwiatów: chabry, maki, margerytki; pszczoły brzęczą, zbierając nektar. Trawa jest miękka i pachnąca. Leżę i wpatruję się w błękit nieba. Słońce grzeje, czuję jego ciepło. Jest mi dobrze, tak dobrze, że odurza mnie ten stan błogości. Po niebie płyną obłoki; są lekkie, poszarpane i przeźroczyste. I oto jeden z nich zatrzymał się nade mną – jego cień przykrył moją twarz. Potem jakby się zniżył, poczułam jego gęstość i miękkość. Miałam wrażenie, jakbym była w wielkim zwoju białej waty, w jakimś białym, jedwabnym kokonie. Coś mnie uniosło i poszybowałam w przestworza. Zobaczyłam z góry moją zieloną łąkę, rzeczkę, mały wiejski kościółek. Wszystko to było już bardzo daleko. Płynęłam po niebie, ale nie wiedziałam dokąd. Miałam wrażenie, że zostałam porwana przez wiatr; byłam tak lekka i zwiewna jak ten obłok. Stałam się myślą, marzeniem, przesłaniem. I oto znów zobaczyłam ziemię, mój kraj, mój rodzinny dom. Zapragnęłam jeszcze raz znaleźć się tam, gdzie się urodziłam, przeżyć to, co znałam.

Mój obłok obniża się powoli i miękko ląduje...

*

Jest ciemno, wilgotno. Czuję rytmiczne uderzenia. Są falą głosu i ciepła, ja też jestem tą falą. Jakaś potężna siła pcha mnie do przodu. Jest ciasno, gorąco, wszystko mnie boli. Bronię się, nie chcę, ale wiem, że muszę iść do przodu. Przepycham się przez ten ciasny, ciemny tunel. Głową pokonuję drogę, bo nie ma innej możliwości, aby wydostać się na zewnątrz. Sięgam już kresu moich sił... I oto jestem. Światło, światło, zamykam oczy, nie mogę znieść takiej ilości światła. Ktoś mnie chwyta, energicznie wyciera, masuje, czuję ludzkie ręce. Moja matka, piękna, młoda kobieta z czarnymi włosami, o jasnej cerze i wielkich, brązowych oczach. Jest zbyt zmęczona, aby cieszyć się moim przyjściem na świat.

Mój ojciec płacze i woła: „Mam syna, ludzie, mam syna!". Jest postawnym i urodziwym mężczyzną o ciemnych, falujących włosach do ramion, na skroniach lekko przyprószonych siwizną. Zaczesanych do tyłu i związanych na karku. Ma wielkie, mądre, bursztynowe oczy, mocne brwi, szerokie czoło. Wąsy i broda zakrywają dolną część twarzy. Jest ubrany w aksamitne ubranie z koronkowym kołnierzem, białe pończochy i czarne lakierki z olbrzymią, złotą klamrą. Wybiega na balkon i znów woła: „Ludzie, mam syna!”.

Jest kimś ważnym w tym mieście, ludzie okazują mu wielki szacunek. W pokoju krząta się parę osób, troszczą się o moją matkę i o mnie. Ubrany jestem w ciasne, białe sukienki. Wszystko mnie uwiera i przeszkadza. Czuję się bardzo zmęczony przyjściem na świat, zasypiam...

*

Budzę się ze stanu głębokiej hipnozy. Wciąż słyszę głos mego ojca... „Ludzie, mam syna”. Świadomość, że wiem o sobie prawie wszystko, napełnia mnie szczęściem i radością. Nie czuję upływu czasu, mam wrażenie, jakbym się gdzieś zatrzymała, cofnęła w czasie. Obrazy jak film przesuwają się przed oczyma...

*

Błękit włoskiego nieba, prażące słońce, dobroczynny cień weneckich uliczek, wielkie żaglowce, plac św. Marka, pałac Dożów, biblioteka pełna grubych ksiąg o złoconych grzbietach i schody prowadzące do wielkich komnat pełnych obrazów weneckich malarzy. Sklepienia sufitów pełne malowideł, fresków, stiuków. Siedzę przy masywnym stole, wokół palą się świece. Jestem bardzo zajęty, piszę traktat o sztuce.

*

Byłem kimś ważnym. Ludzie, pozdrawiając mnie, kłaniali się nisko. Moje ubranie, uszyte z drogich materiałów, wskazywało na przynależność do najwyższego stanu. Bywałem często w towarzystwie czcigodnych obywateli Wenecji, wydawałem uczty, hojnie obdarowywałem przyjaciół. Brałem też udział w turniejach, biesiadach; zawsze postępowałem z wrodzonym mi honorem i taktem. Umiałem rozmawiać z ludźmi wszystkich stanów. Zjednałem sobie serca prawie całej Wenecji. Uwielbiano mnie i podziwiano. Byłem zapraszany na wszystkie uroczystości. Mój ojciec przed laty piastował urząd w Radzie Dziesięciu. Od czasu jego śmierci namawiano mnie, abym zgłosił swoją kandydaturę. Wykształcenie otrzymałem znakomite, ukończyłem Uniwersytet Boloński z tytułem doktora prawa. Polityką wcale się nie interesowałem. Pasjonowały mnie podróże i sztuka. Kolekcjonowałem obrazy współczesnych malarzy weneckich i pisywałem traktaty o sztuce. O pieniądze nie musiałem się troszczyć. Ojciec zostawił mi znaczny majątek.

Wiosną postanowiłem wyruszyć w podróż do Aleksandrii. Moi

przyjaciele, dwaj bogaci kupcy, udawali się tam w celach handlowych. Mój okręt był gotowy do drogi. Posiadał czterdzieści par wioseł, bandery i zgodnie ze zwyczajem broń. Załadowałem okręt towarem w nadziei, że w Aleksandrii dokonam korzystnych transakcji.

Podróżowaliśmy wiele dni i nocy, aż któregoś ranka o świcie ujrzałem piękny port. Zapragnąłem tam zawinąć. Kapitan poinformował, że ten port i miasto Banditomore należą do pięknej *donny* Antonii, wysoko urodzonej wdowy, i zarazem ostrzegł:

– Panie, ta kobieta jest niebezpieczna, wielu szlachetnych mężów spotkało ciężkie rozczarowanie i stracili majątek. Ustanowiła bowiem prawo, iż każdy przybywający tam mężczyzna musi iść z nią do łożnicy. Jeżeli ona zazna z nim rozkoszy, to pojmie go za męża i ten wybraniec zostanie panem całej krainy. Ale jeśli mu się nie powiedzie, straci wszystko, co posiada. Byłem zachwycony, zapragnąłem poznać piękną i niebezpieczną niewiastę.

– Panie, zastanów się – kapitan odradzał mi stanowczo. – Wielu szlachetnych mężów przypłaciło to stratą majątku, a nawet życiem.

Nalegałem jednak, aby skierował okręt do brzegu. Port, położony na skalistym brzegu, tętnił życiem. Wiadomość o przybyciu wspaniałego okrętu z Wenecji rozeszła się lotem błyskawicy. *Donna* Antonia posłała po mnie. Udałem się przed jej oblicze. Rzeczywiście była piękną, dorodną kobietą. Miała aksamitny głos i głębokie spojrzenie pełne tajemnic. Ujęła mnie za ręce i zapytała, skąd przybywam, kim jestem i czy znam jej obyczaje.

– Pani, dlatego tu przybyłem – odpowiedziałem zuchwale. Pozdrowiła mnie serdecznie i zarządziła wielką ucztę na moją cześć. Zaprosiła hrabiów, baronów, wysoko urodzonych rycerzy, aby mnie zabawiali. Ucztowano, śpiewano i tańczono cały dzień. Spodobały się im moje dworskie maniery, zyskałem przychylność i szacunek wielu spośród gości. Mieszkańcy pięknego Banditomore polubili mnie i chętnie widzieliby jako swojego władcę. Nadszedł wieczór. *Donna* Antonia ujęła mnie za rękę i zaprowadziła do swej komnaty.

– Pora kłaść się do łoża – powiedziała.

– Bardzo chętnie, łaskawa pani – odpowiedziałem.

Do alkowy weszły dwie panny służebne, jedna niosła wino, a druga ciasto i owoce. Antonia częstowała mnie zachęcająco. Zjadłem owoce i popiłem winem. Nie wiedziałem, że to wino miało moc usypiającą. Zdjąłem ubranie, położyłem się obok *donny* Antonii i... natychmiast zasnąłem. Spałem twardo do późnego rana. Potem służba oznajmiła, że mam natychmiast opuścić pałac Antonii i że pani poleciła dać mi konia na drogę. Straciłem wszystko: pełen towarów żaglowiec z załogą. Wędrowałem długie miesiące w kierunku Wenecji. Gdy dotarłem na miejsce, opowiedziałem wszystkim zmyśloną historię o rozbiciu się mojego okrętu o skały. Uratowałem się cudem – uchwyciwszy się kawałka deski, zostałem wyrzucony na brzeg.

*

Wieść o moim nieszczęściu rozeszła się po całej Wenecji, wszyscy mi współczuli. Przyjaciele powrócili z Aleksandrii i radowali się niezmiernie, że żyję. Ja jednak wciąż byłem myślami przy pięknej Antonii. Ciągle marzyłem i rozmyślałem, jakby tam powrócić, zadowolić jej pragnienia, zostać jej mężem, a także władcą miasta i okolicy Banditomore. „Muszę ją mieć za żonę" – powtarzałem sobie we dnie i w nocy. Gdy przyszła wiosna, mój nowy okręt był gotowy do drogi. Jeszcze piękniejszy i bogatszy. Rozpiąłem żagle i wypłynąłem na morze. Po kilku dniach, pewnej nocy dotarłem do portu Banditomore. Rankiem *donna* Antonia dostrzegła znajomą banderę. Natychmiast po mnie posłała; byłem witany z honorami, jeszcze uroczyściej niż przed rokiem. Antonia uściskała mnie radośnie, bo do tej pory jeszcze się nie zdarzyło, aby ktoś po raz drugi próbował tu szczęścia. Cały dzień miasto świętowało. Zgotowano mi tak serdeczne przyjęcie, iż uwierzyłem, że wszyscy chętnie widzieliby we mnie swego pana. Wiele miejscowych niewiast rozmiłowało się we mnie, wszędzie czułem przychylne spojrzenia. Gdy nadszedł późny wieczór, *donna* Antonia wzięła mnie za rękę.

– Chodźmy spocząć – powiedziała, zapraszając do alkowy.

I znów weszły dwie panny, niosąc wino, owoce i ciasto. Jedna ze służebnych panien, nalewając mi wino, szepnęła do ucha: „Panie, udawajcie, że pijecie, ale nie pijcie wina, bo znów cały majątek stracicie i nasza pani was wygna". Zaśmiałem się głośno i podnosząc puchar wzniosłem toast za nasze przyszłe wspólne życie. Udawałem, że piję, a wylewałem sobie za kaftan, zaśmiewając się przy tym na całe gardło. *Donna* Antonia przyglądała mi się uważnie, jakby chciała sprawdzić, czy już usypiam. Położyłem się do łoża, udawałem, że śpię i chrapię. Antonia zrzuciła swoje szaty i ze złością mruczała:

– Żarłok i opój. Więcej nie chcę go tu widzieć.

Wsunęła się do łoża pod nakrycie, a ja, obróciwszy się do niej, chwyciłem ją mocno w objęcia:

– Nareszcie cię zdobyłem. Nareszcie mam to, czego cały rok pragnąłem. I tak spędziliśmy całą noc wtuleni w siebie. Nie wypuściłem jej z ramion ani na chwilę. Oboje zaznaliśmy upragnionej rozkoszy. Następnego ranka *donna* Antonia poleciła wezwać wszystkich notabli w mieście. Ogłosiła publicznie: „Ricardo został waszym panem, a zarazem moim małżonkiem. Świętujcie i radujcie się razem z nami". Dookoła rozległy się okrzyki na wiwat: „Niech żyje nasz pan, niech żyje nasza pani!". Zadzwoniły wszystkie dzwony w okolicy i zabębniły bębny, ogłaszając święto. I tak zostałem władcą krainy Banditomore oraz mężem pięknej, mądrej i przebiegłej Antonii.

*

Znów w stanie nieważkości szybuję po niebie i powracam do Wenecji. Tęsknię za żaglowcami, za gondolami, za tętniącym życiem miastem. Szukam siebie, muszę tu być. Jestem już bardzo stary...

*

Jestem już bardzo stary. Nie chorowałem nigdy, ale zmęczyłem się długim życiem. Moja żona, *donna* Antonia, zmarła przed wielu laty. Powróciłem wtedy do Wenecji. Dzieci nie mieliśmy. Byłem sam, lecz nie samotny. Miałem wielu oddanych i drogich sercu przyjaciół. Leżałem w pięknej, koronkowej pościeli na dużym, masywnym łożu. Przy mnie czuwała moja wierna służba. W komnacie było ciemno. Mrok rozjaśniały palące się świece. Mój umysł zachowywał przytomność, ale ciało odmawiało posłuszeństwa. Chciałem już odejść, pożegnać się z tym światem. Jednak ciągle coś mnie zatrzymywało: a to starzy przyjaciele przyszli w odwiedziny, a to znów nagle przypomniałem sobie, że w piwnicach stoi bardzo stare wino, którego zapragnąłem spróbować. Innym razem kazałem wezwać do siebie znakomitego malarza weneckiego, Franciszka Guardiego, którego faworyzowałem. Przyniósł swoje najnowsze prace. Jeden z obrazów namalował specjalnie dla mnie. Był to mały, ale piękny „Widok na wenecką lagunę". Postawił obraz przede mną, aby nacieszyć moje oczy; wiedział, że jestem już słaby i nie ujrzę laguny w rzeczywistości. Słowem, ciągle coś mi stawało na przeszkodzie, aby raz na zawsze rozstać się ze światem. Panował we mnie głęboki spokój, nic mnie nie bolało, tylko ta słabość ciała coraz bardziej dawała się we znaki. Miałem uczucie, że gdzieś się oddalam. W uszach mi dzwoniło, jakby dzwony z placu św. Marka, lecz było to dalekie i jakieś inne. Sceny z życia przewijały się przed oczyma jak film, nie nadążałem im się przyjrzeć. Potem muzyka zawładnęła mym ciałem, zostałem porwany w jej rytm. Kołysałem się wraz z dźwiękami – to do góry, to na dół. Wspinałem się na jakąś wielką, złotą górę, a kiedy byłem już na jej szczycie, zabrakło mi tchu, nie miałem czym oddychać. W końcu resztkami sił nabrałem powietrza, moja pierś wypełniła się jak balon, stałem się lekki jak piórko i poszybowałem gdzieś wysoko. Wciągnęło mnie w świetlany tunel; wibrowałem z nieopisaną prędkością. Uniosłem się wysoko i zawisłem u sufitu. Uczucie szczęścia i wolności mnie rozpierało. Patrzyłem na moją poczciwą Gulianę, która przysnęła w fotelu z różańcem w ręku. Moje stare ciało – pomarszczone i zesztywniałe – leżało w bezruchu. Jeszcze parę godzin przebywałem w mojej sypialni, patrząc bezradnie na łzy poczciwej Guliany i innych oddanych mi ludzi, którzy do ostatnich chwil byli mi wierni. Oddalałem się powoli coraz wyżej i coraz dalej w kierunku świata duchowego. Zachwycałem się stanem nieważkości. Z daleka przyglądałem się życiu na ziemi i zastanawiałem, czy i kiedy tu znów powrócę.

Berlin, lipiec 1995

SEN

Obudziłam się; za oknem ponuro, pada deszcz. Dziś Wielkanoc. Przewróciłam się na drugi bok.

*

Autostrada do Koblencji zupełnie pusta. Dziwne uczucie po naszych ciągłych, kilometrowych korkach. W drodze minęły mnie może dwa samochody. Na dworcu w Koblencji byłam dużo za wcześnie. W kawiarni dworcowej kilku samotnych mężczyzn siedziało przy kuflach z piwem. Jakieś kobiety prowadziły bardzo ożywioną rozmowę przy pseudowielkanocnym śniadaniu. Piłam kawę, czułam, że jestem punktem obserwacji. Ubrana na zielono, wyglądałam wiosennie i świątecznie. Dochodziła ósma. Wychodząc, uśmiechem pozdrowiłam siedzących.

– Wesołych Świąt! – powiedziałam głośno.

– Nawzajem – odpowiedział jeden z mężczyzn. – Jest pani piękna jak wiosna.

*

W pociągu pusto. Wtuliłam się w siedzenie i oddałam rozmyślaniom. Wczoraj rozmawiałam telefonicznie z Nino i miałam wrażenie, że nie był zachwycony moim pomysłem.

– Przyjedziesz, a ja nawet czasu nie będę miał dla ciebie... Może godzinę, może dwie, trzy... Wszystko odbędzie się nerwowo. Dlaczego koniecznie w Święta chcesz przyjechać, gdy mam tak dużo pracy? – usłyszałam nutkę buntu w głosie.

– Jeżeli nie masz czasu się ze mną spotkać, trudno. Odwiedzę cię w twojej restauracji. Mogę udawać, że się nie znamy. Chyba mi nie zabronisz? – powiedziałam.

Zaczął w innym tonie: owszem, jakoś może znajdzie czas dla mnie. Do restauracji też mogę przyjść, lecz muszę wcześniej zamówić stolik:

– Zamów najlepiej dwa miejsca na inne nazwisko, na przykład – Köning. Pasuje do ciebie, moja ty królewno – zaśmiał się.

Uprzedził, że w restauracji będzie Monika, jego wspólniczka, była narzeczona, z którą od piętnastu lat prowadzą ten lokal.

Kołysząc się w rytm pociągu, oglądałam film moich marzeń.

*

Dworzec hamburski przeogromny. Przez chmury przedzierało się słońce, czuło się powiew zimnego, północnego wiatru. Hotel ładny, czysty, przytulny. Pokój od podwórza, cicho i nastrojowo. Usiadłam w fotelu i zatopiłam się w myślach. Zastanawiałam się, po co ja tu przyjechałam i jaki sens ma to nasze spotkanie.

*

Wezwałam taksówkę. Jechaliśmy wzdłuż wybrzeża Elby przez piękne, zielone ulice Hamburga. Po obu stronach ulic ciągnęły się malownicze wille. Na dużym skrzyżowaniu skręciliśmy w prawo i zaczął się wielki park. Było pięknie, kwitły pierwsze wiosenne kwiaty. Taksówka się zatrzymała i oto ujrzałam szyld: „Trattoria Ischia – Moni i Nino", poczułam lekki dreszcz. Budynek raczej skromny, parterowy z poddaszem. Był to pewnie stary, letniskowy dom, teraz zaadoptowany na restaurację. Serce biło mi mocno. Uczucia podniecenia, ciekawości, zdenerwowania? Bacznie się rozglądałam. Restauracja znajdowała się w dobudowanej werandzie. Na zewnątrz stały ogrodowe meble, krzesła, stoliki, parasole. Starannie posadzone i dobrane barwą bratki cieszyły oko. Weszłam do środka. Przy stolikach siedziało parę osób. Przy jednym stał Nino. Bardzo posiwiał od czasu, gdy widzieliśmy się ostatni raz. Włosy miał długie, przykrywały mu uszy, kark; wyglądał na zaniedbanego. Plecy jakby mu się zaokrągliły, a brzuch przez to jeszcze bardziej uwidocznił. Poczuł chyba mój wzrok, bo się odwrócił. Nieśmiało pozdrowił i pośpiesznie przywołał Monikę. Zza baru wyszła wysoka, potężna kobieta ubrana na czerwono.

– Nazywam się Köning. Wczoraj zarezerwowałam dwa miejsca. Jestem sama, ale oczekuję kogoś.

– Proszę, tam, koło okna – powiedziała, wskazując stolik.

Usiadłam tak, aby móc obserwować wszystko, co się będzie działo. Nino, bardzo speszony, nawet nie patrzył w moją stronę. Właściwie to zaraz przepadł gdzieś na zapleczu. Z prawdziwą ciekawością przyglądałam się wszystkiemu, co mnie otaczało. Za barem stała Monika, popijając kieliszek wina. Obok niej młodsza kobieta o ciemnych, gładko zaczesanych włosach, bardzo wydatnych rysach twarzy i płaskim biuście – pewnie ich kelnerka. Czyżby ta kobieta mogła być gejszą domową Nina? Chyba nie, nie była w jego guście. Przyglądając się Monice, zauważyłam, że mamy ze sobą coś wspólnego. Teraz gruba i nalana sadłem musiała być kiedyś ładną kobietą. Wysoka blondynka o pięknych oczach, typ Niemki z północy. Porusza się przyciężko, lecz uśmiecha sympatycznie. Ma w sobie coś miłego, coś, co przyciąga. Kołysząc obfitymi biodrami, przemieszczała się po lokalu i zabawiała gości. Podeszła do mnie:

– Czy pani coś podać? Może aperitif lub campari?

– Campari soda, proszę! – szklaneczkę z campari przyniosła mi gejsza.

Była jakaś taka nijaka i śmierdziała papierosami. W obyciu wyczuwało się sztuczną i wyuczoną grzeczność. Poczułam się rozczarowana. Wyobrażałam sobie tę restaurację jako bardziej elegancką i przytulną. Myślałam, że będzie tu tak, jak na Ischii. Tymczasem wnętrze bez smaku i polotu. Ściany i sufit przybrudzone, przydałby się remont. Na ścianach kiczowate ozdóbki przywiezione z Ischii, z manufaktury rodzinnej. W kątach okropne, plastikowe kwiaty, jakiś obskurny, fajansowy kot, pluszowa papuga w klatce i parę jeszcze innych obrzydełek. Popijając campari, rozmyślałam nad tymi wspaniałymi opowiadaniami Nina. Żal mi się go zrobiło. „Ja chyba na głowę upadłam... Po co tu przyjechałam... W co ja się pakuję?..." krążyło mi po głowie. „Ale – pomyślałam – podróże kształcą. Dobrze, że tu jestem, zobaczyłam, jak to naprawdę wygląda. Jedyne, co tu jest prawdziwie włoskie, to atmosfera i jedzenie: oliwki, wino, campari, grappa". Nino przepadł gdzieś w czeluściach kuchennych. Obie panie obserwowały mnie bacznie. Od czasu do czasu ostentacyjnie spoglądałam na zegarek, aby utwierdzić je w przekonaniu, że na kogoś czekam. Minęła dobra godzina, a ja ciągle popijałam moje campari, spoglądając to w okno, to na zegarek. Monika zbliżyła się do mnie.

– Czy pani coś podać? – zapytała.

– Tak, proszę, chciałabym coś zamówić. Nie wiem, co mogło się stać, dlaczego mój znajomy jeszcze nie dojechał.

– Czy z daleka przybędzie? – zapytała.

– Z Holandii, jedzie samochodem.

– To bardzo daleko, pewnie są korki. W Święta ludzie podróżują – próbowała mnie pocieszać.

Zamówiłam sałatę. Poprosiłam, aby szef przyszedł i coś mi doradził. Z zaplecza przywołano Nina. Zbliżył się do mnie z kartą, coś mi tam palcem pokazywał. Przeżywałam to, że stoi obok, bo to, co w karcie było mi zupełnie obojętne. Czułam jego niepokój, zdenerwowanie. Wydał mi się smutny, tylko oczy świeciły mu tak samo jak wtedy, gdy spotkał mnie w porcie Beverello w Neapolu. W tych oczach jest cały on, całe jego życie, cała natura.

– Ten sos ziołowy specjalnie dla ciebie zrobiłem – szepnął mi do ucha.

Sałatę podano mi bardzo szybko. Była pięknie ułożona, do tego prawdziwy włoski *dresing* pachnący ziołami. Rzeczywiście było to coś dla koneserów, którzy tęsknią za Italią. Delektowałam się. Byłam już syta, gdy znów pojawił się Nino. Przyniósł mały stolik, na którym stawia się półmisek i obiera rybę. Znów był w zasięgu mojego pola magnetycznego. Czułam go. Dzielące nas powietrze stało się jakby gęściejsze. Sprawnie obierał rybę, nie odrywając oczu od przedmiotu swej pracy. „Przeżywa to, że tu siedzę" – pomyślałam. Polał rybę sosem, który „gejsza" postawiła przede mną i oddalił się w stronę baru, z ulgą zapalił papierosa, rzucił mi parę spojrzeń. Potem kręcił się po sali, żartował z ludźmi, obserwując mnie ukradkiem.

Ryba była wyśmienita, delikatna, soczysta, jakiś gatunek śródziemnomorski. Sos był wspaniałym bukietem ziół, wyrafinowanym w smaku. Już dawno czegoś takiego nie jadłam. Na dworze się ściemniało. Letni ogródek przed restauracją oświetlały lampy tarasowe. Podświetlony szyld „Moni i Nino" nie informował wcale, że tych dwoje ludzi już nic nie łączy. Czy rzeczywiście ich drogi się rozeszły? Czy poza wspólnym lokalem nic więcej nie istnieje? Przy sąsiednim stoliku siedziała Monika i opowiadała gościom o tym, jak urządza restaurację w Tunezji. Jadłam i wdychałam isketański klimat, zadając sobie pytania: jaki sens, jaką przyszłość ma ta nasza znajomość?

*

W restauracji panuje prawdziwie rodzinna atmosfera. Ludzie, którzy tu przychodzą, to stali bywalcy, czują się jak u siebie w domu. Staram się chłonąć ten miły i pogodny nastrój. Nie dziwię się, że Nino jest lubiany, on kocha ludzi i bez nich nie mógłby żyć. Kocha swój zawód kucharza i wykonuje go twórczo, z pasją, jak prawdziwy artysta. Patrzę na nich oboje: Moni i Nino. Nawet pasują do siebie, a to wszystko, co tu jest, pasuje do nich. Widać, że oboje są zżyci z tym lokalem, że tu jest ich dom i ich świat. Marzenia ma każdy z nas i oni oboje też chyba marzą. Monika myśli o Tunezji – pewnie zostawiła tam serce. Nino pragnie być bliżej mnie. Cóż, każdy z nas pragnie choć trochę miłości i ciepła drugiego człowieka. Zobaczyłam to, co chciałam zobaczyć i mogę wracać do siebie, do mojej rzeczywistości. Więc co ja tu jeszcze robię? Postanowiłam jak najszybciej opuścić lokal. Poprosiłam o rachunek i zamówiłam taksówkę. W hotelowej recepcji chłodno powiedziałam:

– Możliwe że odwiedzi mnie mój przyjaciel. Proszę posłać go na górę...

*

Rozmyślałam w samotności. Zawisłam gdzieś w stanie półsnu lub głębokiej medytacji. Przed oczyma przewijał mi się film o wydarzeniach i przeżyciach sprzed paru miesięcy...

*

Usłyszałam kroki... pukanie... Wpadł do pokoju jak chłopczyk powracający z podwórka. Był szczęśliwy, mówił szybko i dużo. Przyniósł ze sobą zapach swojej restauracji. Pachniał rozmarynem, grzybami, bazylią, oliwkami i parmezanem. Wydał mi się nawet bardzo sympatyczny. Przytuliłam się do niego. Usiadł na brzegu łóżka, objął mnie i tulił swoją twarz do mego ciała, ręce jego spoczęły na moich pośladkach, które gniótł jak ciasto na pizzę. Wtopiłam twarz w jego bujne, siwe włosy. Rozkoszowaliśmy się bliskością. W pewnym momencie rzuciliśmy się na siebie jak dwa zgłodniałe zwierzaki. Po paru minutach byliśmy w krainie przeżywania najwspanialszych doznań cielesnych i duchowych. Świat zawirował, ziemia uciekła spod nóg. Zastygliśmy w bezruchu, aby nasycić się do woli...

*

Czas uciekał nieubłaganie, dochodziła piąta rano.

– Muszę cię opuścić i wracać do siebie. Nie zasnę tu. Byłoby zresztą grzechem spać przy tobie. Dziś mam ciężki dzień.

Rozmawialiśmy jeszcze całą godzinę o tym, co jest nasze, ludzkie: o religii, kościele, fanatyzmie, reinkarnacji, więzach rodzinnych, rozterkach serca i duszy, o nas...

– Lubię być z tobą, mam uczucie, że znamy się całe wieki – ucałował mnie. – Myślę, że będziemy razem się starzeć i zostaniemy ze sobą do końca naszych dni – powiedział to tak ciepło i zwyczajnie. – Pojedziesz ze mną na wyspę? Wiesz, ja kocham tę wyspę i chcę kiedyś tam wrócić. Pojedziesz?...

Czułam jego ciepło, bliskość. Czułam też naszą nieskończoność, przynależność do wieczności... Uczucie, którego nigdy przedtem nie doznałam. Skąd się to wzięło i co to jest? No i poszedł Nino, poszedł do siebie, do swojej restauracji leżącej w parku na krańcach Hamburga.

*

Obudziłam się, przetarłam oczy. Wielkanoc. Za oknem nadal padał deszcz...

Hamburg, kwiecień 1995

ISKETAŃSKIE POCZTÓWKI (1)
DOLCE TERREMOTO

Tym razem Neapol był zaciągnięty grubymi, ciemnymi chmurami. Gdzie to niebo koloru lazurowego błękitu, gdzie jesteś, słońce?... *O sole mio...* Samolot wylądował gładko na neapolitańskim Capodichino. Wcześniej zarezerwowałam dojazd na Ischię. Odpływałam z portu Pozzuoli ogromnym towarowym promem, załadowanym po brzegi autami różnego kalibru. Powiew Morza Tyreńskiego i oddalający się Neapol budziły we mnie uczucie melancholii. Ale byłam szczęśliwa – znów zobaczę moją ukochaną Ischię. Ta wyspa to mój raj na ziemi. Tu narodziłam się przed paru laty ponownie i od tego czasu całe moje życie nabrało blasku. Nikt, poza mną, nie wie, jak bardzo kocham Ischię. Jest dla mnie wyspą stworzoną przez bogów, niezwykłą pod każdym względem. Urzeka zielenią, ciepłem, zdrojową wodą, krajobrazem. No i tajemniczością. Tu właśnie przed paru laty spotkałam mego Adka; było to w parę miesięcy przed jego śmiercią. Tu przeżyłam chwile wielkich wzruszeń i doznałam olśnienia... Wpatrywałam się uparcie w horyzont, aby nareszcie ujrzeć kontury Ischi. Serce zabiło mi mocno, poczułam łzy w oczach, ucisk w gardle... Jest! Widzę cię, Ischio.

*

Casamicciola, w której mieszkam, jest miejscem szczególnym, naznaczonym przez stare wulkany i trzęsienia ziemi. Teraz pełno tu cudownych źródeł leczniczych. Dużo zieleni, stare domy, strome, wąskie uliczki i spokój. Ale okolica ma w sobie coś, co pulsuje.

*

Dziś wieje *sirocco*, tajemniczy wiatr, który – jak mówią o nim tutejsi mieszkańcy – lubi przynosić zmiany. Morze jest gniewne i zuchwałe, fale kotłują się i z pasją uderzają o brzeg. Kocham cię, morze, właśnie takie, gniewne i niespokojne. Odwiedzam „Il Girasole". Fabrizio wita mnie, jak zawsze, ciepło i radośnie. Fascynujący są ludzie z wyspy, jest w nich coś niezwykłego, emanują nieopisaną energią.

*

Lubię siedzieć na *piazzettcie* w San Angelo; tu zawsze ktoś śpiewa, zawsze coś się dzieje. Młody Algierczyk nuci pieśni swego kraju, są pełne tęsknoty. Słońce praży, jest południe. Pewnie w „Il Girasole" na tarasie plażowicze jedzą obiad. Nie spieszę się, mam czas, dużo czasu.

*

Na tarasie w „Il Girasole" nowi ludzie. Claudia przedstawia mi Nicolę. Nieciekawy, utuczony mediolańczyk. Rozmowa o niczym, Claudia z nim po włosku, ja z Claudią po niemiecku. Właściwie to było mi zupełnie obojętne, o czym rozmawiają. Niech sobie gadają. Byłam ponad to, wpatrywałam się w morze. Nicola parokrotnie próbował coś do mnie powiedzieć po niemiecku, zignorowałam go. Zostawiłam ich sobie samych, zeszłam na plażę. Położyłam się na piasku. Za moment stał nade mną ten tłusty mediolańczyk i usiłował przekonać, raz po włosku, raz po niemiecku, żebyśmy razem wracali do Cassamiccioli. Nie byłam tym zachwycona, tylko zastanawiałam się, w jakim języku mu odmówić...

*

Tymczasem Nicola znów otworzył buzię i popłynął nie najgorszy niemiecki. Ciekawe, że nagle potrafi mówić... Opowiadał mi o Ischi i o sobie. Tu się urodził i tu parę razy do roku przyjeżdża. Spojrzałam na niego inaczej, był kimś zupełnie innym niż ten z tarasu w „Il Girasole". Zaprasza mnie na wino, na taras widokowy do „Belwederu". Zgadzam się, czuję tajemniczy smak przygody.

*

Na tarasie „Belwederu" stary Isketana gra na harmonii i śpiewa neapolitańskie pieśni. Popłynęło rzewne *Wróć do Sorrento*, *O sole mio*, *Lucia* i inne. Rozczulił mnie ten widok, wzruszyłam się. Człowiek ten miał twarz ogorzałą od słońca, pełną zmarszczek i głębokie, błękitne oczy. Był w swej zwyczajności piękny jak stare drzewo, powykręcane od wiatru, słońca i deszczu... Miałam uczucie, że Nicola robi wszystko, aby mi się spodobać. Piliśmy isketańskie wino *biancolella* koloru złotego lata. Jego wielkie oczy przenikały mnie na wskroś; czułam, że mu się bardzo podobam. Każdy Włoch jest wrażliwy na wdzięki kobiece. We Włoszech panuje kult kobiety. Włoska *mamma*, potem *amica*, *ragazza*, *moglie*. Kobieta staje się obiektem do zdobycia, kąskiem do przegryzienia... Zaproponował mi wspólny wieczór, spacer lub tańce.

*

Przyjechał po mnie do hotelu. Wysiadł z samochodu, ucałował moje obie ręce i wręczył białą różę. Pojechaliśmy do „Piano-Baru". Słuchamy śpiewu przy akompaniamencie pianina. Jestem urzeczona rytmem i melodią neapolitańskich pieśni. Nicola tuli mnie w tańcu, śpiewa mi do ucha... *Ti amo... Ti voglio bene...* Całujemy się, jego usta wędrują po mojej twarzy. Delikatnie obejmuje opuszkę ucha, nozdrza, brwi, oczy... Czuję bicie naszych serc, pulsowanie krwi. Momentami stajemy się jakby jednym ciałem. Tak wiele jest w nim ciepła i czułości, tego, czego pragnę i czego szukam całe życie.

*

Jest inteligentny, wykształcony, ma nienaganne maniery, ale dla mnie jest nijaki, przypomina mi „Kucusia", kolegę ze szkoły. Albo statecznego urzędnika z aktówką. I z takim facetem mam iść do łóżka – chyba zgłupiałam. Nicola rozbierał się z namaszczeniem. Jego ubranie, bielizna, wszystko w najlepszym gatunku, świadczyły o pewnym standarcie życiowym... Patrzyłam siedząc naga na skraju jego szerokiego łoża. I całkiem przeszła mi ochota na seks. Byłam tak pochłonięta myślami, że zaskoczył mnie jego dotyk.

*

Usiłowałam się poddać pieszczotom, usiłowałam chłonąć to, co mi dawał, ale nie mogłam. Czułam blokadę. Nie, Nicola, nie mogę cię niczym obdarzyć, wszystkie moje myśli są przy innym mężczyźnie. Myśli moje były tak silne i intensywne, że Nicola po prostu je czuł. Przerwałam tę grę, nie było sensu brnąć dalej. Czułam się bardzo rozżalona. Siedziałam i płakałam jak dziecko, które właściwie nie wie, czego chce. Głaskał mnie po twarzy i uspokajał:

– Proszę, nie płacz...

– Ja nie potrafię tak, rozumiesz? Znam cię parę godzin, a ty ciągniesz mnie do łóżka... Ja kocham innego mężczyznę... Dla mnie seks to czułość, miłość, ciepło... a nie partia tenisa lub inna rozgrywka sportowa... Nie umiem wejść do łóżka jak na boisko i zejść jak z boiska... – łkałam, połykając łzy.

Patrzył na mnie swymi ogromnymi, żabimi oczyma, w których był smutek. Jakby czuł się winny, że płaczę.

– Zrobię ci kawę – powiedział.

Wstał, włożył okulary. Słyszałam, jak krzątał się po kuchni. Po chwili wrócił z kawą. Szybko wypiłam filiżankę *expresso.* Jaki on jest? Kim jest? Ile ma lat? Szacując, przyglądałam mu się dość natarczywie, chyba to wyczuł, bo zapytał:

– Zastanawiasz się, czy jestem godny ciebie? Czy jestem odpychający?

Dlaczego nie chcesz się ze mną kochać?

– Seks to dla mnie świętość, wzniosłe przeżycie, wymiana energii, a nie jak ty to sobie wyobrażasz... łóżko jako ring, gdzie tarza się dwóch zapaśników – powiedziałam z gniewem w głosie. – A teraz proszę, odwieź mnie do hotelu. Chcę być sama.

– Czy możemy się jutro spotkać? – zapytał drżącym głosem.

*

Przed południem pojechaliśmy do Castello – pospacerować koło zamku, porozmawiać... Nicola spoglądał na mnie wzrokiem pełnym niepokojui niepewności. Prosił, abym dała mu szansę. Chce zostać jeszcze parę dni, prosi, abym mu te dni ofiarowała. „Jeżeli zostanę, to tylko po to, żeby być z tobą..." – dodał nieśmiało. Nicola wygląda dziś inaczej, coś się w nim od wczoraj zmieniło. Jakby ubyło mu lat, w oczach ma tyle namiętnościi wyczekiwania. Ze statecznego urzędnika przemienił się w chłopaka w krótkich spodenkach. Znów zadał pytanie:

– Proszę, powiedz, mam zostać?...

– Zostań – powiedziałam. Objęłam go, pocałowałam. – Zostań dla mnie.

*

Przyglądam mu się. Nie wiem dlaczego, ale widzę go jako dziesięcioletniego chłopca, grubaska w fartuszku szkolnym, takim, jakie noszą włoscy chłopcy. Stoi z dumną, pucołowatą buzią i patrzy wielkimi oczyma. Jest zawsze grzeczny, dobrze ułożony, inny niż jego szkolni koledzy.

*

Nicola nie jest typowym isketańczykiem. Sam o sobie mówi, że jest mediolańczykiem. Mieszka w Mediolanie od dwudziestu pięciu lat. Przesiąkł już chłodem północy i powiewem zimnego wiatru od Alp. Ale tu słońce Ischii ogrzało jego krew i rozbudziła się w nim natura południowca. „Dell Maggiore" i „Piano-Bar", piwnica-winiarnia, jeden z najstarszych lokali Ischii. Panuje tu cudowny nastrój. Tańczymy. Taniec to gra i harmonia ciał. W tańcu można czuć się nawzajem. Nicola śpiewa, jest szczęśliwy, ma aksamitny, ciepły głos. Tańczymy jak szaleni, tuląc się do siebie. O Boże, jak mi z nim dobrze! Cała rezerwa gdzieś prysła. Nicola, wino i jego śpiew zawładnęły mną, teraz liczy się tylko on... I tak oto dwoje dorosłych ludzi zachowuje się jak para nastolatków, daje się ponieść uczuciom i namiętności...

*

„Il Girasole". Sobotni gwar i szum. Na sobotę i niedzielę zjeżdża tu *high life* z Neapolu i Rzymu. Nie lubię tego gwaru. Lubię tu dzień powszedni, gdy słońce ogrzewa pusty taras i słychać pieśń morza – uderzenia szepczących fal. Poszłam wzdłuż brzegu na spacer. Chciałam być sama. Słuchałam wiatru, morza, skał. Czułam pulsowanie ziemi, jedność z naturą, byłam jej cząstką. Ogarnęło mnie cudowne uczucie przynależności do tej wyspy, do skał, do morza, uczucie wtopienia w krajobraz. O Ischio, jesteś moją wyspą szczęścia. Nicola wpatruje się we mnie ciepło, namiętnie i milcząco. Wiem, że mu się podobam i to bardzo.

*

W niedzielny poranek zaniosło mnie do kościoła. Malutki kościółek z przepięknym ołtarzem z dwunastoma apostołami i witrażami przedstawiającymi św. Marka ze skrzydlatym lwem. Grupka chłopców w różnym wieku służy do mszy. Ksiądz mówi kazanie, od czasu do czasu zaśmiewając się głośno, jakby opowiadał swym wiernym wesołe historyjki. Zewsząd emanuje ciepły nastrój miłości ludzkiej. Przekazując sobie znak pokoju, ludzie serdecznie ściskają ręce. Jakaś starsza pani ściska mi rękę i pogodnie na mnie patrzy... Mam łzy w oczach, wzruszyłam się.

*

Okulary wypadły mu z ręki i złamała się oprawka. Nicola jest zdenerwowany, bez okularów nic nie widzi. Zadecydowałam, że pojadę z nim do optyka. Poprosiłam, aby oddał mi kierownicę; nie miał wyboru.

– Dobrze jeździsz – stwierdził. – Powiedz, dlaczego to robisz? Słońce świeci, a ty zamiast iść na plażę, jedziesz ze mną reperować okulary.

– To zwykły odruch ludzki – pomóc w potrzebie – odpowiedziałam.

Wracając, zatrzymał się przy kwiaciarni, kupił mi róże.

*

Do S'Angelo pojechaliśmy taksówką wodną, było romantycznie. W ciepłych promieniach zachodzącego słońca wszystko wyglądało jeszcze piękniej niż zwykle. Usiedliśmy w porcie, słuchając pieśni neapolitańskich. W milczeniu wpatrywaliśmy się w morze. To już ostatnie nasze godziny. Nicola wodzi za mną wzrokiem pełnym miłości, głaszcze mnie po ręku; po policzku – jest czuły i delikatny. *„Ti voglio bene"* – szepcze mi do ucha. Dziś morze ma cudowne barwy, turkusowo-szmaragdowe, jak z najpiękniejszych isketańskich pocztówek. Tulimy się do siebie, trzymając się za ręce jak nastolatki. Jesteśmy tacy szczęśliwi, ale nasz czas się kończy, jutro rano musimy się rozstać.

*

– Chciałbym, abyś mnie nie zapomniała – Nicola daje mi w prezencie piosenki neapolitańskie z dedykacją: „*Al dolce Terremoto*", czyli „Słodkiemu Trzęsieniu Ziemi". – Zatrzęsłaś moim życiem, nie wiem, jak to będzie dalej, bo zakochałem się w tobie. Już dawno nic takiego mi się nie przydarzyło. Poruszyłaś moje serce...

Ostatni nasz wieczór. Jestem szczęśliwa mimo że jutro już koniec. Nicola jest smutny, w milczeniu patrzy na mnie oczyma pełnymi miłości.

– *Ti voglio bene*, kocham cię, pozostaniesz w mym sercu na zawsze – szepcze...

Tańczymy, tulimy się do siebie, staramy się zapamiętać to nasze uczucie bliskości. Potem ostatnia noc, najczulsze pieszczoty, czuję go w każdej komórce mego ciała. Nie ma mnie, nie ma Nicoli, jesteśmy oboje pulsującą energią. Nie wiem, co się ze mną dzieje, moje ciało jakby przestało istnieć. Straciłam przytomność umysłu, widziałam tylko błękit i światło. W pewnym momencie zobaczyłam dwoje ogromnych oczu nad moją twarzą – to był Nicola, głaskał mnie po policzkach, odgarniał kosmyki włosów z mej spoconej twarzy.

– Co się z tobą dzieje? Gdzie byłaś? Czy coś się stało?

Patrzyłam na niego. To on daje mi tak cudowne odczucia wędrówki po innych wymiarach. Niesamowite. Nicola drży cały, tuląc się do mnie; jest zakochany jak chłopak. Do tej pory trzymałam moje uczucia na wodzy, ale nie wytrzymałam napięcia i puściłam cugle, zatopiłam się w szczęściu. Zatrzęsło się wszystko: *dolce terremoto*. Miłość i seks mają w sobie coś z szaleństwa i magicznej fascynacji.

*

Rano w porcie pożegnanie. Oczy mam pełne łez. Nicola bardzo smutny. Przesunął ręką po mej twarzy. „Do zobaczenia... Będę do ciebie dzwonił"... Oddalił się w kierunku, skąd odpływał statek. Patrzyłam, prowadziłam go wzrokiem do końca, dopóki nie zniknął mi z oczu.

Czy jeszcze kiedyś się spotkamy? Wstałam z ławki, nie wierzyłam, że to już koniec, pragnęłam ciszy i spokoju. Poszłam do kościoła, modliłam się o jego zdrowie. Rozpłakałam się. Całe moje życie to chwile radości, które chwytam w przelocie. A szczęście przychodzi i... odchodzi.

Neapol – Ischia, listopad 1995

ISKETAŃSKIE POCZTÓWKI (2)
TI VOGLIO BENE

Ciągle powracam do tych dni. Jak to się stało, że dałam ponieść się uczuciom, straciłam poczucie rzeczywistości i poniosłam konsekwencje tamtych wydarzeń? To wszystko było jak film. Zabrakło mi czasu, aby pomyśleć i zastanowić się nad sensem tego, co się działo. Po prostu przez przypadek staliśmy się oboje odtwórcami głównych ról i graliśmy je do końca. Te wspaniałe, ciepłe wieczory, nasz taniec. Radosny śpiew Nicoli, tulenie się do siebie. To miała być tylko letnia przygoda, lecz od samego początku było coś więcej. Nadeszło rozstanie, wszystko się skończyło, rzeczywistość brutalnie nas rozdzieliła. Jedyna możliwość kontaktu to telefon. Nicola dzwoni co parę dni. Głos jego brzmi jak piosenka o miłości: *Ti voglio bene.* Tęskni, jest jak chory, serce ma rozdarte. Czuje się opętany, obezwładniony. A ja? Ja żyję jak zaczarowana, w magicznym świecie marzeń.

*

W słuchawce ciepły, drżący głos Nicoli:

– Bella, co u ciebie, jak się masz? Tęsknię za tobą – wyrzucił wszystko jednym tchem.

– Dobrze, dobrze, Nicola. Bardzo się cieszę, że znów cię słyszę. A co u ciebie? – drżałam cała, byłam jak sparaliżowana.

– Nie przeszkadzam ci?

– Nie, skądże, nie, cieszę się, że mogę cię usłyszeć.

– Wiesz, bardzo tęsknię za tobą i ciągle... Myślę o tobie. Dostałem twój list, dziękuję. Chciałbym ci coś powiedzieć... *Ti voglio bene* – głos mu się załamał. Jego niemiecki był kiepski, mieszał go z włoskim, angielskim, ale ja i tak go rozumiałam. Rozumiałam go lepiej, niż to sobie wyobrażał. Słuchałam go jak piosenki neapolitańskiej. Serce mi waliło, cała drżałam z wrażenia, jak trzcina na wietrze.

– Napiszę list do ciebie, muszę ci wszystko napisać, napiszę po włosku, inaczej nie umiem tego wyrazić... – głos jego był wibrujący, a zarazem ciepły jak śródziemnomorskie słońce. W tych paru minutach wszystko w nas obojgu odżyło, cała isketańska przygoda.

– *Ciao*, Nicola...

– *Ti voglio bene.*

*

Telefon. Podnoszę słuchawkę.
– Hallo, słucham...
– *Pronto, pronto*... Bella, to ty?
Zaniemówiłam z wrażenia. To Nicola odzywa się po paru miesiącach ciszy.
– Bella, powiedz coś... jesteś?
Straciłam głos, zachłystując się radością, że go słyszę.
– Nicola, Boże drogi, jakże się cieszę! Jak się czujesz, gdzie jesteś? – zadawałam mu pytania jedno za drugim, nie czekając na odpowiedź.
– Bella, jestem wzruszony, gdy słyszę twój głos... Dzięki za pamięć, za twoje listy... Wybacz proszę, że nie odpisałem... – głos jego zmiękł i zamilkł.
– W porządku, Nicola, nie musisz mi nic tłumaczyć. Wszystko wiem, tamtego dnia po naszej rozmowie zabrano cię do szpitala, miałeś zawał...
– Bella, czy uwierzysz, że się w tobie na dobre zakochałem?... Jak chłopiec... Wierzysz? – głos mu się łamał i był jak żałosne dźwięki harfy.
Nie umiałam mu nic powiedzieć, było mi raz zimno, raz gorąco. Pomiędzy nami, oddalonymi o 1000 kilometrów, wytworzyła się atmosfera bliskości. Czułam Nicolę, czułam jego bezradność i tęsknotę. A on mówił dalej:
– Wiesz, była u mnie żona z synem. – Zamilkłam, poczułam lekki skurcz w sercu. – Bella, wybacz, wybacz mi to wszystko... Muszę kończyć, napiszę list... Bardzo się wzruszyłem. Kocham cię... całuję... Proszę, pisz do mnie – powiedział resztką sił w głosie i odłożył słuchawkę.
Nie wiem, czy dostał bólu wieńcowego, czy też żal gardło ścisnął. A może dostał nowego zawału?... Sama nie wiem, co myśleć. Litość, współczucie, żal? I czym jest ta miłość? Przychodzi, atakuje, ścina z nóg i odchodzi...

*

Po paru miesiącach znów telefon.
– Hallo, słucham...
– Bella, to ty? Jakże się cieszę, że mogę cię choć usłyszeć... Wiesz, byłem bardzo chory, ale jest już dobrze, miałem drugi zawał...
Byłam tak oszołomiona, nie mogłam słowa wykrztusić z siebie.
– Powiedz coś... – prosił – Co u ciebie, powiedz...
– Wiesz, Nicola... ja ciągle o tobie myślę... o tym, gdzie jesteś, co robisz... Życzę ci zdrowia... – urwałam, nie mogłam już nic więcej powiedzieć. Rozmowa z nim to dla mnie wielkie przeżycie. Nie umiem nabrać dystansu nawet po tylu miesiącach. Po co dzwoni? Lepiej, żeby milczał. Myśli wirowały mi w głowie. Ale Nicola nadal był w słuchawce:
– Bella, ciągle cię widzę, ciągle cię tulę... *Ti voglio bene* – głos jego cichł i urwał się. – *Ciao*, Bella... może kiedyś się spotkamy...

*

Może... może się spotkamy tu, na Ziemi, a może w innym wymiarze lub w innym życiu. Jest między nami coś, co nie pozwala się rozstać.

*

Minęło parę miesięcy. Telefon.
– Bella, to ty... Słyszysz mnie... Co u ciebie... Powiedz coś... proszę.

Mayen, styczeń 1996

UCZENNICA CZAROWNIKA

Dzień jak co dzień, praca i praca. Wróciłam zmęczona do domu, nie miałam ochoty na nic. Włączyłam TV. „Trzeba raz wreszcie oderwać się od tej codzienności" – myślałam, bezwiednie przełączając programy telewizyjne. „Oderwać się od świata i cofnąć o parę miesięcy wstecz, do chwil przeżywanych latem. Nicola milczy – dlaczego? Co mogło się stać? Tak nagle słuch o nim zaginął, ucichły telefony, ucichł jego głos. To niemożliwe, coś musiało się stać". Odruchowo przebierałam w programach telewizyjnych. Nagle zatrzymałam, zapowiadano *Live Talk Show*. Temat fascynujący każdego: „Astrologiczny dobór związków partnerskich". Prowadząca program właśnie przedstawiała astrologa Leonarda. Z głębi ekranu wyłoniła się postać mężczyzny. Wydał mi się atrakcyjny, a zarazem tajemniczy. Zza okularów spoglądał przenikliwym wzrokiem. Wiek – dobra czterdziestka. Twarz wyrazista, rysy regularne. Ubrany, jak wypada na telewizyjne *interwiew* – garnitur, koszula i krawat. Budził zaufanie swym wyglądem.

– Przedstawiam państwu naszego gościa, astrologa Leonarda – powiedziała pani redaktor. – Astrolog w dzisiejszych czasach to nie jakiś blagier, cyrulik, czarownik. To wszechstronnie wykształcony człowiek. To nowy zawód z wielką przyszłością.

Leonardo mówi o tym, jak ważne jest astrologiczne dobranie się w związkach partnerskich, jak ważną rolę grają konstelacje gwiezdne w udanym pożyciu seksualnym, jak trudno jest dotrzeć do prawdziwych potrzeb i pragnień ludzkich ze względu na blokady wewnętrzne. Uśmiecha się ciepło, głos ma czysty, dźwięczny. Słucham jak urzeczona.

Moje zmęczenie gdzieś prysło. Z rosnącym zainteresowaniem obserwowałam jego ruchy, mimikę twarzy. Wyraźnie działał na mnie erotycznie. Co to jest? Nalałam sobie kieliszek wina. Leonardo zaproponował, żeby pisać do niego, dzwonić. Odpowie na każdy list czy telefon. Udziela także osobiście porad w sprawach seksu. Zabrzmiało to jak wyzwanie. Na ekranie pojawił się adres i numer telefonu. Długo nie mogłam zasnąć. Przewracałam się z boku na bok, rozmyślając o konstelacjach gwiezdnych, układach planetarnych i o Leonardo. „Muszę do niego napisać, może on wyjaśni, co łączy mnie z Nicolą, dlaczego ta więź ciągle trwa... Zrobię to zaraz jutro" – postanowiłam.

*

Pospiesznie rozrywałam kopertę – kaseta magnetofonowa i krótki list z rachunkiem. Minęło dobrych parę godzin, zanim mogłam w spokoju przesłuchać kasetę. Popłynął ciepły głos Leonardo. Mówił mi o tranzytach, węzłach, aspektach, trygonach, sekstylach, koniunkcjach łączących mnie z Nicolą. Słuchałam z wielkim podnieceniem. Upajałam się ciepłem i tembrem jego głosu. Hipnotyzował mnie. Na końcu wypowiedzi zachęcał, żebym znów się odezwała. Zaproponował też korespondencyjną naukę astrologii.

*

Pół roku później. Praca, codzienne problemy oddaliły mnie od astrologii i Leonardo. Ale gdy mi się nie wiodło, pilnie studiowałam horoskopy. Pewnego dnia, przechodząc koło kiosku, zobaczyłam astrologiczne pismo „Wenus". Kupiłam. Natychmiast zaczęłam szukać mojego horoskopu. Kartkując, nagle na jednej ze stron zobaczyłam znajomą twarz – ze zdjęcia spoglądał na mnie Leonardo. Niezwykłe... znów on. Wywiad z Leonardo był pasjonujący: o znaczeniu seksu w życiu człowieka i o zależnościach planetarnych. Powiedział też, że rozpoczyna cykl wykładów z astrologii. Na końcu wywiadu podano terminy i miejsca jego wykładów.

*

Cztery tygodnie później. Siedziałam w pięknej sali zamku nad Renem, gdzie za chwilę miał się rozpocząć wykład. Sala była wypełniona po brzegi, wszystkie miejsca zajęte. Tym razem mogłam zobaczyć Leonardo na żywo. Wyszedł z widowni i sprężystym krokiem ruszył w stronę podium, gdzie stał duży, czerwony fotel. Był ubrany na sportowo, czarne jeansy i luźny czarny golf. Wyglądał trochę tajemniczo, inaczej niż w TV. Mówił zajmująco o astrologii, o psychologii, o życiu, miłości, przyjaźni, kontaktach międzyludzkich, fascynacjach i zmysłowym poznawaniu świata. Dyskusja była niezwykle ciekawa. Przysłuchiwałam się, nie zabierałam głosu, ale uważnie przyglądałam się wszystkim i wszystkiemu. Było to zarazem bardzo interesujące widowisko. Wytworzyła się atmosfera magii i tajemniczości, co podniecało ciekawość zgromadzonych. A może jednak zostać jego uczennicą?

*

Trzy miesiące później. Siedzę w pociągu, jadę na spotkanie z Leonardo. Zostałam jego uczennicą. Skrypty i zadania otrzymywałam co miesiąc. Musiałam regularnie wykonywać różne ćwiczenia i co miesiąc zdawać pisemną relację. Były to zadania magiczne, wymagały dużej koncentracji i skupienia. Musiałam nauczyć się sterować swym ciałem, panować nad jego temperaturą, ćwiczyć poczucie czasu. Obserwować swoje reakcje, wsłuchując się w siebie. Moje ciało miało się stać narzędziem do wejścia w świat doskonałości duchowej. Jechałam, aby odbyć u Leonardo ceremonię wyświęcenia na adeptkę sztuk tajemnych – pierwsze święcenie na czarownicę.

Pociąg stukotał rytmicznie, wtuliłam się w siedzenie i pogrążyłam w rozmyślaniach. Gdyby nie przypadek, że poznałam latem Nicola i ta niezwykła erotyczna przygoda z nim, zapewne nie siedziałabym w tym pociągu. Nasze losy życiowe są jednym łańcuchem, jedno ogniwo wyzwala drugie. I tak oto zostałam uczennicą czarownika. Od dnia, gdy pierwszy raz zobaczyłam Leonardo, upłynął już dobry rok. Ale wciąż byłam nim zafascynowana, pragnęłam mieć z nim bliższy kontakt. Zastanawiałam się nad tym, jak to się rozegrało. Widocznie przez cały ten rok Leonardo towarzyszył mi gdzieś tam w podświadomości. Aż wreszcie nadszedł dzień, kiedy się spotkamy. Podamy sobie ręce, nasze ciała się zbliżą, aby wymienić energię. Procedura wyświęcenia jest aktem seksualnej ekstazy. Zwięzły opis tej ceremonii zawierała ostatnia lekcja.

*

Na dworcu oczekiwał mnie Leonardo. Dostrzegłam go już z daleka. Był ubrany w długi, czarny płaszcz, czerwony szal powiewał na wietrze. Stał, trzymając ręce w kieszeniach, niepewnie się rozglądając. „Mam przewagę – pomyślałam – on mnie nie zna osobiście, tylko ze zdjęcia." Przyglądałam mu się z ciekawością. Wreszcie podeszłam i odważnie spojrzałam mu w twarz.

– Leonardo – nie mylę się?

– Witam cię! – zawołał radośnie. – Jak podróż, jak samopoczucie?

Chwycił moje obie dłonie i podniósł do ust. Poczuł siłę mojej energii i to podziałało na niego ujemnie. Mówił dużo, chaotycznie, o sprawach bez znaczenia, chyba po to, aby ukryć zmieszanie i niepokój. Pojechaliśmy do hotelu, tam miała się odbyć nasza ceremonia. Twierdził, że najlepszy jest grunt neutralny, wtedy całą naszą energię koncentrujemy na sobie. Hotelowy apartament okazał się bardzo przytulny. Był to ostatni pokój na końcu długiego korytarza, nie dochodziły tu żadne odgłosy z ulicy. Leonardo wydał mi się tym razem jakiś inny, chyba ten niepokój odbierał mu cały czar. „Czego on się boi? – pomyślałam – Mnie, czy też aktu seksualnego?" Zajęliśmy się rozmową o wszystkim. Mówiliśmy też o sobie, o naszym życiu. Sytuacja się rozluźniła, atmosfera stała się cieplejsza. Leonardo znów był taki, jakim go znałam z telewizji, z wywiadu, z wykładu. Rozbierając mnie, wyjaśniał akty rytuału, które będziemy wspólnie przeżywać. Robił to z takim namaszczeniem, jakby odprawiał misterium.

– Rozbieraj mnie też – szepnął.

Pozbywamy się teraz naszych okryć, naszych skorup, którymi przykrywamy swoje niedoskonałości. Człowiek nagi jest wolny. Objął mnie i przytulił, poczułam falę gorąca; przesuwał rękami po moim ciele.

– Jesteś bardzo zmysłowa – szepnął mi do ucha.

Weszliśmy do wanny, woda pachniała tajemniczym olejkiem eterycznym. W powietrzu unosił się ten sam zapach. Działał na zmysły, budził uczucie odprężenia i całkowitej uległości. Myliśmy się nawzajem, dotykając swych ciał, swych genitaliów. Wymienialiśmy nasze myśli, odczucia. Atmosfera była luźna, wolna od jakichkolwiek zahamowań i wstydu. Było ciepło, wilgotno, przyjemnie. Leonardo był chyba urzeczony naszym rytuałem oczyszczania, a właściwie naszą kąpielą rytualną. Wyszliśmy z wanny, wzajemnie osuszając się ręcznikami. Leonardo z namaszczeniem dotykał mego ciała. Zapaliliśmy dwanaście świec. Ułożył mnie na plecach i rozpoczął magiczny masaż zodiakalny. Jego ręce przekazywały mi energię magiczną. Każda część ciała symbolizowała odpowiedni znak zodiaku, uwzględniając żywioły ognia, ziemi, powietrza i wody. Raz masował mnie kolistym ruchem, raz prostym pociągnięciem, czasem tylko przykładał rękę i trzymał w bezruchu. Wstaliśmy razem, trzymając się za ręce, wizualizowaliśmy światło, energię. Zamknęliśmy oczy i zatoczyli rękoma olbrzymie koło. Staliśmy tak w bezruchu, wciąż trzymając się za ręce. Czułam pulsującą energię pomiędzy nami. Nagle Leonardo westchnął głęboko i usiadł na podłodze.

– Jestem pusty, całą moją energię przekazałem tobie. Czujesz mnie? – zapytał. Musiał na chwilę przerwać ceremonię, by powędrować do swojej krainy magii i tam zaczerpnąć nowych sił. Leżałam naga na podłodze z zawiązanymi oczami. Czynił nade mną jakieś magiczne gesty, szepcząc tajemne słowa. Miałam uczucie, że kołuje nade mną wahadełko. Skoncentrowałam się na jego słowach. Leonardo wprowadził mnie w stan lekkiej hipnozy i przywołał mojego opiekuna duchowego. Ukazał mi się mężczyzna, który miał mi towarzyszyć przez całe życie, być dla mnie mężem, przyjacielem. Leonardo polecał mu, aby się mną opiekował, dodawał siły i odwagi. Wymienił jego imię – Amal – i powtórzył je dwanaście razy. Musiałam złożyć przysięgę, że nigdy nie będę wykorzystywała magii dla własnych celów i korzyści, lecz dla dobra innych ludzi, aby im pomagać. Nadszedł moment ożywienia Amala i tchnięcia w niego energii życiowej. Tą energią miała być energia seksualna, którą mieliśmy oboje wyzwolić w orgazmie. Leonardo głaskał moje ciało kawałkiem futra, piórem pawim, a następnie całował mnie całą. Przyjmowałam te jego pieszczoty z wielką rozkoszą. Było to niezwykłe, ten mężczyzna zabawiał się ze mną już parę godzin, a ciągle nie dochodziło między nami do najwyższych wyładowań. Parę razy zbliżałam się do szczytów Himalajów, wtedy polecił mi wołać Amala. „Amal, Amal, Amal... przyjdź". Pojawił się mężczyzna w długiej biało-złocistej tunice. Ciemne, falujące włosy spadały mu na ramiona. Pozdrowił mnie z daleka. W tym momencie świat usunął mi się spod nóg, czułam energię Leonardo od czubków stóp do cebulek włosów na głowie. Kipiało coś we mnie, niesamowite fale płynęły w dół i w górę. Jakaś siła rozpierała moje ciało, zawisłam gdzieś w powietrzu, Amal był przy mnie. Nie wiem, jak długo trwałam w tym stanie. Gdy otworzyłam oczy, obok mnie leżał zamyślony Leonardo.

– Czy to jest magiczny seks? – zapytałam, a on skinął głową.

– Czy nie czujesz różnicy?

– Czuję i podziwiam nas oboje. Jeszcze nigdy nic takiego nie przeżyłam z mężczyzną – odparłam.

– Ja nie jestem zwykłym mężczyzną, a ty zwykłą kobietą. Jestem czarownikiem, a ty czarownicą – powiedział to patetycznie.

Zamyśliłam się, było w tym coś niezwykłego. Mężczyzna, kobieta, różne ładunki energii, rożne biopola – gdzieś tam z oddali poczuli swą siłę, siłę przyciągania. Jak wielka musi być moc, skoro działa na odległość setek kilometrów. To nie przypadek, że się spotkaliśmy, to energia sił magicznych Kosmosu pchnęła nas ku sobie...

Memmingen, wrzesień 1996

ARABSKIE NOCE

Samolot podchodził do lądowania. Kair z okien samolotu wydał mi się przeogromny. Wielki obraz, pełen punktów i linii przecinających się pod różnymi kątami. Pulsująca geometria świetlna. Jest północ.

Wysiadamy z samolotu. Ciepły powiew powietrza, temperatura ponad 20°C. Lotnisko sprawia wrażenie małego, choć dookoła stoi wiele maszyn. Hala odpraw przestronna. W kolejce do okienek stoją ludzie różnych narodowości i kolorów skóry – od białej poprzez żółtą, czerwoną do wszelkich możliwych odmian czerni. Stroje nader egzotyczne. Ortodoksyjni wyznawcy buddyzmu, zwolennicy dalajlamy, są spowici w białe prześcieradła, grupa Indian w wielkich pióropuszach ubrana jest jak do filmu. Murzyni mają na sobie długie, kolorowe kaftany.

Po odprawie kierujemy się do autokaru, gdzie oczekuje nas nasz egipski opiekun. Jest już dobrze po północy. Na ulicy przed gmachem „Egypt Air" tłum samotnych mężczyzn. Egipcjanie są piękni, smagli, mają ciemne włosy, duże, czarne oczy i uśmiechają się uroczo.

Nasz egipski przewodnik Magdy wita nas zupełnie poprawną niemczyzną. Jest bardzo sympatyczny, pogodny i przyjazny. Od razu wyjaśnia wiele spraw. Dziś jest czwartkowa noc, jutro piątek – islamskie święto. Noc dzisiejsza nazywa się „świętą nocą". Kobiety pozostają w domach, aby spełniać swe obowiązki małżeńskie. Samotni mężczyźni spędzają ten wieczór z przyjaciółmi lub odwiedzają domy publiczne, gdzie pracują kobiety innych narodowości, albowiem *szariat*, prawo „Koranu", nie dopuszcza, aby islamska kobieta świadczyła takie usługi.

Jedziemy nocą przez ulice Kairu. Jakże inne jest to miasto od stolic europejskich. Niska zabudowa, bardzo szerokie ulice, pięknie podświetlone wieżyczki minaretów i kopuły meczetów tworzą jedyny w swoim rodzaju krajobraz. Podziwiamy panoramę kairskiej ulicy i tutejsze osobliwości: na chodniku śpi stadko owiec, obok leży wielbłąd i drzemie jego właściciel. Kair ma wiele twarzy, jest „matką wszystkich miast". Nikt naprawdę nie wie, ile to miasto liczy mieszkańców. Może piętnaście, może siedemnaście milionów, a może i więcej. Pewne jest tylko to, że przyrost naturalny oraz napływ ludności ze wsi do miasta z roku na rok powiększają tę liczbę.

*

Nasz hotel w Gizie, niedaleko piramid, jest położony w parku z egzotyczną roślinnością. Zaciekawia architektoniczną formą będącą połączeniem stylu nowego z tradycyjnym. Mimo że jest późna noc, w hotelu tętni życie. Z jednej strony dochodzi dyskotekowa muzyka europejska, z drugiej arabska. Nowoczesność miesza się z oddechem sędziwego Nilu.

*

Dziś w programie: bazar jubilerski, Muzeum Papirusów, Pałac Wonności z 1001 Nocy. Jedziemy ulicami Kairu, dominuje nowa zabudowa przeplatana kopułami minaretów; wszystko spłowiałe od słońca i przykurzone piaskiem Sahary. Można zobaczyć wszelkie możliwe środki komunikacji: piękne limuzyny, autobusy, ciężarówki, rowery, wózki zaprzężone w osiołki i Beduinów na wielbłądach. W ruchu obowiązuje prawo silniejszego i jest skrupulatnie przestrzegane, toteż wypadków czy kolizji prawie nie ma. Korki uliczne są czymś normalnym i to też ma swój urok – sprzedawcy kwiatów oferują czekającym kierowcom egzotyczne bukiety lub zwykłe goździki. Na bulwarach wre życie, dokoła herbaciarnie, kafejki, małe bazary. Mężczyźni w turbanach grają w karty, paląc fajki wodne. Na chodnikach handluje się wszystkim, co można sprzedać lub kupić. *Mamluk*, bazar z egipską biżuterią, oferuje misterne, złote wyroby i zwykłą, seryjną tandetę. Muzeum Papirusów prezentuje technologię wyrobu, która nie zmieniła się od dwóch tysięcy lat. Łodygi roślin przecina się wzdłuż, moczy się, walcuje, suszy. Niektóre papirusy to prawdziwe dzieła sztuki, zawierają obrazki z życia prastarego Egiptu, scenki rodzajowe itp.

Spotkanie z krainą zapachów 1001 nocy jest fascynujące. Jak bardzo zapachy stymulują naszą psychikę, mogłam się tam przekonać dowodnie. Już przy wejściu do pałacu intensywna woń olejków eterycznych przenika każdą komórkę naszych zmysłów.

Siadamy. El Samed, Beduin ubrany w *galabiję*, wprowadza nas w świat kwiatowych woni. Jego niemiecki jest całkiem zrozumiały; okazuje się, że przed dwudziestu laty studiował w Dreźnie. Towarzyszą mu trzej młodzi mężczyźni. Jego synowie. Jeden z nich jest bardzo podobny do ojca. Częstują nas herbatą i kawą po arabsku, którą podają w małych szklaneczkach. El Samed opowiada o sobie: jest prawdziwym Beduinem, który przywędrował do Kairu z pustyni; ma trzy żony, mógłby mieć jeszcze jedną, zezwala mu na to *szariat*, prawo „Koranu".

– Ale sami państwo rozumiecie – tłumaczy nam, kręcąc głową – jaki to obowiązek uszczęśliwić trzy kobiety i obdzielić je sprawiedliwie wszelkimi dobrami materialnymi i duchowymi. El Samed jest bardzo rzutki, dowcipny, strzela oczyma, a oczy ma wspaniałe, pełne mądrości i miłości życia. Któryś z synów podaje mu fajkę wodną. Pociąga z namaszczeniem, zapach olejków eterycznych miesza się z zapachem tytoniu. Nastrój bardzo orientalny.

Jeden z synów prezentuje butle z olejkami. Każdemu z nas kładzie korkiem kroplę na nadgarstku, robi to z całą powagą, w wielkim skupieniu.

Za każdym razem, gdy podchodzi do mnie, uśmiecha się, kładzie kroplę na moim zgięciu łokciowym i rozciera palcem. Czuję nie tylko woń olejku, ale także energię emanującą z jego dłoni. Przyglądam mu się z ciekawością, jego oczy jak dwa węgle mają w sobie żar egipskiego słońca. Zaintrygował mnie ten młody, piękny mężczyzna.

– Skąd znasz niemiecki? Bywasz często w Europie? Jeździsz na targi do Niemiec? – zasypywałam go pytaniami.

Popatrzył na mnie z zaciekawieniem.

– Jak będziesz kiedyś w Niemczech i będziesz potrzebował przewodnika, zadzwoń – podałam mu moją wizytówkę.

– Mam na imię Mohamed. Czy mogę zadzwonić jutro? – uśmiechnął się przy tym czarująco, z błyskiem w oczach. – Chętnie odwiedzę cię w hotelu.

To ostatnie zdanie zabrzmiało dość dwuznacznie. Zauważył lekki grymas na mojej twarzy i pospiesznie dodał:

– Moglibyśmy pójść gdzieś potańczyć.

*

Dzień moich urodzin rozpoczęłam od medytacji w piramidzie Cheopsa. Już o 7.30 wyruszyliśmy w kierunku piramid. Podróż trwa krótko. Wysiadamy z autokaru. To niesamowite wrażenie stanąć tak blisko piramid. Wielkość potężnych bloków kamiennych ułożonych jeden na drugim, sprawia, że człowiek czuje się nieskończenie mały.

Po kamiennych blokach wspinamy się do wejścia. Mijamy żelazną bramę, przy której stoi strażnik. Ciemnym korytarzem posuwamy się w górę. Nagle korytarz przechodzi w wąski tunel i trzeba zgiąć kolana, żeby iść dalej. Wreszcie przed nami światło i strome schody. To wielka galeria. Wspinamy się, potem ciasne przejście i oto jesteśmy w królewskiej komnacie. Jest to prostokątne pomieszczenie wyłożone kamiennymi blokami, w dalszej części stoi grobowiec. Tu, według przekazów egipskich, miały odbywać się wyświęcenia, nadania boskiej energii człowiekowi. W tej komnacie skupia się promieniowanie kosmiczne, a jego epicentrum znajduje się w Sarkofagu. Stanęliśmy wokół grobowca, nasz przewodnik, Rudi, zaintonował indyjską *mantrę* AUM, która ezoterycznie wyraża trójcę, występującą we wszystkich religiach świata. Po paru minutach śpiew przerodził się w pulsującą wibrację. Dźwięczne „o - a - u - m..." rezonowało w każdej komórce naszego ciała.

Poczułam nieodparte pragnienie kontaktu z energią kosmiczną, coś mówiło mi: „Wejdź do grobowca, wejdź...". Weszłam, położyłam się w grobowcu i w tymże momencie nastąpiło coś niewyobrażalnego – moje ciało stało się jakąś nieznaną, pulsującą energią. Po paru minutach wstałam, ale miałam wrażenie, jakbym powracała z innego świata, z innej przestrzeni.

Było to uczucie trudne do opisania...

Popołudnie spędzamy znów pod piramidami. Rudi, architekt z zawodu, robi nam wykład o tych fenomenach budowlanych.

Przy grupach turystów gromadzą się Beduini na wielbłądach, aby zarobić choć parę piastrów. Trudno się ich pozbyć, słowo *szukran*, tj. „dziękuję", trzeba wypowiadać bardzo zdecydowanie. Spotykam arabską rodzinę, która z dumą pokazuje mi dziewczynkę o jasnej cerze i platynowych włosach. To arabska albinoska. Rodzice zachęcają mnie do zrobienia jej fotografii.

*

Dziś w programie całonocna medytacja w piramidzie Cheopsa. Punktualnie o północy wyruszamy autokarem z hotelu. Aby w nocy dostać się na teren piramid, trzeba przejść parę „szlabanów".

Wartownicy pilnujący piramid są ubrani w zielonoszare, wojskowe płaszcze i zakutani szalami z wełny. Sceneria jak z filmu. Nastrój tajemniczy. Po dłuższym czekaniu otworzono nam bramę i zaraz za nami zamknięto. Rzecz w tym, że nocny pobyt w piramidzie jest nielegalny i grozi zatrzymaniem zarówno zwiedzającym jak i strażnikom. Ale czegóż nie robi się dla pieniędzy i dla wielkiej przygody. Drogę do komnaty królewskiej znaliśmy. Potem medytacja i śpiewanie: „O - a - u - m...". I tym razem melodia rezonowała pulsowaniem i wibracją w naszych ciałach. Czułam się jak pusta bateria, łapczywie chłonąca energię. Znów położyłam się w grobowcu, aby choć przez chwilę poczuć się ogniwem kosmicznego łańcucha promieniowania. W moim prawym przedramieniu mięśnie drgały jak podczas elektrostymulacji. Działanie tej energii jest tak silne, że przebywanie w grobowcu dłużej niż parę minut może stać się niebezpieczne dla zdrowia. Jest to wielka tajemnica piramidy Cheopsa, która do dziś nie została w pełni wyjaśniona.

Opuszczaliśmy piramidę o świcie. Opatuleni w wełniane szale strażnicy kłaniali nam się dostojnym skinieniem głowy. Żegnałam te pulsujące kamienie bogatsza o nowe doświadczenia w kontaktach z energią wszechświata.

*

Popołudniowy program przewidywał zwiedzanie wielbłądziego targu. Jest to coś w rodzaju naszych europejskich targów zwierząt, które już dziś należą do rzadkości. W drodze minęliśmy stado wielbłądów popędzanych kijami przez poganiaczy. Wielbłądy pędzone są przez dwadzieścia jeden dni z Nairobi do Kairu. Większość tych zwierząt była przeznaczona na ubój. Biedne zwierzęta jakby czuły, jaki los je czeka, bo opierały się, jak mogły, swoim oprawcom – stawały, kładły się na drodze. Na targu panował wielki ruch. Mężczyźni w długich *galabijach* przekrzykiwali się wzajemnie w niezrozumiałym dla nas języku.

Po południu odbyliśmy przejażdżkę żaglowcem po Nilu. Wiatr dopisywał, była to urocza, romantyczna podróż starym żaglowcem ze starym żeglarzem z ogorzałą od słońca twarzą i mądrymi oczyma.

*

Dla tubylców życie zaczyna się o północy. Udawałam się właśnie na nocny spoczynek, gdy zadzwonił telefon. Mohamed proponował dyskotekę. Pojechaliśmy do jednego z ekskluzywnych lokali Kairu. Mohamed miał na sobie złotą, jedwabną koszulę i pachniał olejkami z Pałacu Wonności 1001 Nocy. Tańczyliśmy przytuleni do siebie, oczy jego płonęły jak dwa rozżarzone węgle. Całował moje dłonie, przytulał coraz mocniej, a dotyk jego rąk był delikatny i pełen czułości. Bardzo dobrze ułożony, miał nienaganne maniery. Byłam nim zafascynowana, czułam jego ciepło, promieniował jakąś nieznaną mi energią.

Siedzieliśmy przy stoliku zapatrzeni w siebie. Jakiś mężczyzna śpiewał po arabsku, Mohamed wtórował mu, jego piękny wibrujący głos przyprawiał mnie o drżenie. Poprosiłam, żeby śpiewał dalej, tylko dla mnie. Śpiewał głośno, trzymając mnie za ręce.

Na parkiecie tańczyli sami mężczyźni. Rytmicznie poruszali biodrami, wykonując taniec brzucha. Ileż spontaniczności, erotyki i ekspresji było w tych ruchach!

*

Bazar Chan al-Chalili, jeden z największych w Kairze, zaczyna się naprzeciwko meczetu al-Azhar i ciągnie się do wieżyczki minaretu Husajna, przypominającej wyglądem wielki, cienki ołówek. Można tu kupić wszystko, czego dusza zapragnie: od orientalnych przypraw, kadzideł, olejków, wyrobów z bawełny, jedwabiu, mosiądzu i srebra po garnki kuchenne, buty i zegarki. W powietrzu unosi się mieszanina zapachów przypraw, słodkich owoców, parzonej kawy, tytoniu i przepoconych ciał. Pełno tu małych kafejek, gdzie można napić się mocnej kawy lub herbaty. Spacerowałam, przyglądając się życiu bazaru. Jeden ze sprzedawców, przystojny Egipcjanin, zaprosił mnie do środka. Weszłam do małego sklepiku z odzieżą. Sprzedawca zaczął wykładać stosy podkoszulków, chust i innych części garderoby. Powiedziałam, że chcę kupić *galabiję*. Po krętych schodkach zaprowadzono mnie na górę, gdzie w małym pokoju stały półki zawalone od podłogi po sufit egipskimi okryciami. Stary Arab, zapewne ojciec sprzedawcy, złożył ręce i zaczął wzywać Allaha, coś wykrzykując po arabsku. Zapewne modlił się, żebym coś kupiła. Poczęstowano mnie herbatą. Arab rozkładał *galabije* we wszelkich możliwych fasonach i kolorach, wymieniał ceny. Kręciłam głową i próbowałam się targować. Nagle rozległ się dźwięk syreny minaretu wzywającej do modlitwy. Stary rozłożył dywanik, ukłonił mi się parę razy i padł na kolana. Bił pokłony czołem o ziemię, wykrzykując obce mi słowa, raz po raz wzywał Allaha. Z trudem wydostałam się ze sklepu, po prostu nie chciano wypuścić mnie bez zakupu.

*

Dziś wyprawa do Fajum, największej oazy w Afryce, a zarazem miasta liczącego cztery miliony mieszkańców.

Jedziemy autostradą przez Saharę. Pustynia robi niesamowite wrażenie – nic tylko piasek we wszystkich odcieniach beżu i żółci. Kiedyś było tu morze, które wskutek zmian atmosferycznych wyschło. Teraz słońce pali piasek, a kamienie pękają z gorąca. Poza wężami i skorpionami nie ma tu żadnego życia. Czasem można zobaczyć włóczące się stado psów pustynnych, ale i one trzymają się w pobliżu osad ludzkich.

Pustynię przecinają drogi oraz linia kolejowa łącząca Egipt Górny z Egiptem Dolnym. Wsie egipskie leżą nad Nilem i są bardzo biedne. Ludzie żyją tu prymitywnie, lecz twarze mają szczęśliwe i uśmiechnięte. Animuje ich nadzieja na *moslems*, nowe życie po śmierci, które islam obiecuje swoim wyznawcom.

*

Mohamed przyjechał o północy żeby zabrać mnie na dyskotekę. Tym razem pojechaliśmy do pięknego hotelu „Mena House". Sala przestronna, wszystko w orientalnym stylu. Siedzieliśmy, sącząc bezalkoholowy koktajl. Mohamed głaskał moje dłonie i przyciskał je do ust. Ściszonym głosem wtórował granej melodii: „*Ha - bi - bi, El - Hamudu - lellah...*" Znaczyło to mniej więcej tyle: „Dzięki Ci, Boże, że jest moja ukochana...". Poszliśmy tańczyć. Czułam bijącą od niego energię i żar, jego oczy działały na mnie hipnotyzująco. Poddałam się nastrojowi. Całowaliśmy się, tuląc się do siebie, a Mohamed nucił dalej: „Dzięki Ci, Boże, że odnalazłem moją miłość...".

*

Dziś spacer pod piramidami i wykład z ezoterycznej architektury *Feng Shui*. Rudi opowiada nam ciekawe rzeczy o prastarym Egipcie i jego budowlach. Oblegają nas, jak zwykle, Beduini na wielbłądach, każdy chciałby coś zarobić albo przynajmniej dostać bakszysz. Nie jest to żebranie w naszym rozumieniu, lecz uświęcony „Koranem" zwyczaj: ubogi powinien coś dostać od bogatszego.

Zasady, czyli „filary" „Koranu" są proste i nienaruszalne. A oto one: 1) wiara, że nie ma boga prócz Allaha; 2) pięć razy dziennie modlitwa sprawowana w kierunku Mekki; 3) jałmużna wynosząca 2/10 dochodu; 4) post w miesiącu ramadanie (29 dni); 5) raz w życiu pielgrzymka do Mekki.

*

Mohamed przyjechał po mnie na wielbłądzie o 4.00 rano, żeby pokazać mi wschód słońca na pustyni. Dziwnie i niepewnie się czułam, siedząc tak wysoko. Mohamed zauważył mój lęk.

– Nie bój się, proszę. Zwierzę to poczuje i też się wystraszy. Przytul się mocniej. Jesteś ze mną, a ja jeżdżę na wielbłądzie od dziecka.

Wielbłąd poruszał się dostojnie. Minęliśmy parę ulic i już zaczęła się pustynna droga. Było zupełnie ciemno, ale Mohamed i wielbłąd znali trasę. Jechaliśmy jeszcze dobry kwadrans, zanim mrok zaczął powoli rzednąć. Zatrzymaliśmy się na wzgórku. Mohamed krótkim okrzykiem skłonił wielbłąda do przyklęknięcia. Było chłodno. Świat pustyni kąpał się w srebrnej poświacie poranka. Gdzieś w oddali błyskały światła miasta, spowite w gęstą, białą mgłę. Wreszcie niebo od wschodu zaróżowiło się. Teraz pejzaż zmieniał się z minuty na minutę. Róż przechodził w fiolet, potem w pomarańcz i oto nagle pośród piasków pustyni wyrosła czerwona kula. Była przeogromna i powoli posuwała się coraz wyżej stopniowo malejąc i tracąc czerwień. Gdy rozbłysła złotem, pustynia przybrała swoje barwy dnia – beżu i żółci. Było cicho, jakby świat wstrzymał oddech. W dali na horyzoncie dumnie zarysowały się Cheops, Menkaure i Chafre. Można było podziwiać ich geometrycznie doskonałe kształty. Ciszę przerwały dalekie odgłosy Beduinów pędzących stado wielbłądów. Było mi zimno, wzdrygnęłam się, Mohamed przytulił mnie i szepnął:

– Zostań tu ze mną na zawsze.

Poczułam jego wzbierającą męskość. Całował mnie po twarzy, ramionach, piersiach.

– Pragnę cię – szepnął. – Jeżeli nie chcesz, to powiedz. Jestem dżentelmenem, dla mnie kobieta to świętość. Ale proszę cię, zostań moją. Za rok wybuduję duży dom i wtedy cię poślubię. Rozbierając mnie szeptał coś jeszcze po arabsku. Może odmawiał swoją poranną modlitwę, a może prosił Allaha o zrządzenie, żebym została jedną z jego żon.

Leżałam naga na zimnym piasku, Mohamed ogrzewał mnie żarem swego ciała. Czułam wszędzie piasek, jego pocałunki i pierwsze, ciepłe promienie wschodzącego słońca. Staliśmy się jednością, własnością pustyni i budzącego się dnia.

*

Zegar przesuwał się do przodu. Każdego dnia o północy zaczynał się nasz czas i kończył nad ranem. Zbliżał się ostatni dzień i pożegnalny bankiet wieńczący nasz pobyt w Kairze. Przyjęcie było naprawdę wystawne: kuchnia orientalna, występy grup folklorystycznych, taniec brzucha, muzyka europejska i nowoczesna arabska.

O północy Mohamed stanął w drzwiach. Był dziś szczególnie urodziwy. Pachniał jaśminem i ambrą. Objął mnie, pocałował, a ja poczułam wyraźnie jego pulsującą energię.

– Chodź, proszę, gdzieś, gdzie mogę być z tobą sam na sam. Musimy porozmawiać.

W nocnym barze było sporo wolnych stolików. Usiedliśmy z dala od innych gości. Po chwili wziął mnie za rękę.

– Nie wiem, jakie są zwyczaje w kraju, z którego pochodzisz. U nas o rękę kobiety prosi się jej ojca. Wiem, że nie masz rodziców, jesteś sama, a więc proszę ciebie: zostań moją żoną. Wyjął z kieszeni i podał mi małe pudełeczko. – A to, proszę, przyjmij na znak naszej trwałej przyjaźni.

„On chyba oszalał!", pomyślałam.

– Mohamed, nie mogę – rzuciłam w popłochu i odłożyłam pudełeczko, nie oglądając jego zawartości.

– Masz kogoś, masz mężczyznę, którego kochasz? – zapytał.

– Nie, nie mam, jestem sama.

– To dlaczego nie chcesz, powiedz! – nalegał. – Czyżbyś była zazdrosna o moje egipskie kobiety? Nie masz powodu. One są inne. Są wspaniałymi matkami, ale nie kochankami. Czy wiesz, że u nas 80% kobiet jest obrzezanych? Takie jest nasze prawo. Kobieta nie powinna zaznawać rozkoszy, ma tylko rodzić dzieci i pomnażać nasze plemię – mówił to ze smutkiem w głosie, ale bez cienia buntu. – Jeżeli nie chcesz zostać moją żoną, to trudno, ale proszę, weź ten drobiazg na pamiątkę.

Otworzyłam etui. W środku był malutki, złoty wisiorek – oko boga Horusa.

– Mohamed, przecież ja jestem dużo starsza od ciebie.

– A czy to ważne? – zapytał szczerze zdziwiony.

– Dla mnie nie, ale dla ciebie tak. Jesteś taki młody...

– Dla mnie to bez znaczenia. Nasz prorok Mohamed miał żonę starszą o dobre kilkanaście lat. A jeśli ciągnie cię do Europy, to mogłabyś tam mieszkać, musisz tylko jako moja żona przestrzegać praw „Koranu".

– Mohamed, przecież dzieci ci już nie urodzę...

– Nie mów nic więcej – ręką zasłonił mi usta, zbliżył swoją twarz do mojej i zaczął całować mnie namiętnie, gorąco.

Zdjęłam mój srebrny pierścionek z gwiazdą i półksiężycem i z trudem wcisnęłam mu na mały palec.

– Nie zapomnij mnie nigdy...

Mohamed spojrzał mi głęboko w oczy.

– W tym roku zaczynam budowę domu. Jak skończę, zadzwonię po ciebie. Mówię poważnie, wszystko jest w twoim ręku. Przyjedziesz?... – zawiesił głos, a po chwili ciągnął dalej: – Pewnie kiedyś się ożenię i zgodnie z prawem „Koranu" będę miał przynajmniej dwie żony, które urodzą mi dzieci. Ale ty, jeśli zechcesz, zawsze możesz zostać panią w moim domu. Kocham cię, a poza tym u nas, w Egipcie, mieć żonę z Europy, to znaczy być kimś...

Oparłam głowę na jego ramieniu i zastanawiałam się nad kaprysem losu, który sprawił, że przeżyliśmy te dni razem. Mohamed pachniał wonnościami 1001 nocy i było mi tak dobrze u boku tego uroczego potomka Ramzesów.

*

Żegnaliśmy Kair w południowym słońcu i żal mi było opuszczać ten gorący kraj. Nasz przewodnik Magdy towarzyszył nam do ostatniej chwili.

Byłam już po odprawach, w neutralnej strefie lotniska, gdy nagle zobaczyłam z daleka mężczyznę wymachującego rękoma. Mohamed. Szybko zawróciłam do ogrodzenia i raz jeszcze uścisnęliśmy się przez żelazne pręty płotu. Żegnaj, chłopcze!

– *Ha - bi - bi*... nie zapomnij mnie... – wyszeptał. Wielkie, czarne oczy zaszkliły się i były jeszcze piękniejsze.

Kair, maj 1995

WENECKI SOBOWTÓR

Wenecja, perła kultury europejskiej, słynie nie tylko ze wspaniałej architektury i skarbów sztuki, ale jest także ulubionym miejscem nowożeńców i zakochanych. Z różnych zakątków świata zjeżdżają tu licznie młode pary, by powiedzieć sakramentalne: „tak". Jeździ się tam na miodowy miesiąc lub tydzień, a nie wtedy, gdy zostałaś porzucona, oszukana przez jakiegoś Janka, Klausa czy Toniego. Nie, nie jeździ się do Wenecji wylewać łzy, bo wody tam i tak jest dosyć.

„Musiałam chyba zwariować" – pomyślała Liza, przyglądając się tulącej się do siebie parze zakochanych. Siedziała na *vaporetto* (tramwaj wodny) i zamierzała popłynąć na Lido. Miała zarezerwowany pokój w „Grand Hotelu", tam właśnie, gdzie przed laty Thomas Mann napisał swą słynną „Śmierć w Wenecji". Uważała, że ten hotel będzie godnym miejscem na pogrzebanie jej miłości. To miejsce na Lagunie zawsze kojarzyło się jej z umieraniem. A teraz nagle zapragnęła, żeby cała Wenecja... skryła się w mule pod wodą. Przecież i tak to kiedyś nastąpi. Więc czemu nie zaraz, podczas jej pobytu?

Płynąc przez Canale Grande, podziwiała pałace zanurzone w wodzie, oświetlone promieniami popołudniowego słońca. Wszystko dookoła miało ciepłe, miękkie barwy i emanowało nieopisanym czarem. Nawet odpadające tynki i wielkie zamknięte okiennice wionęły niepowtarzalnym urokiem. Parę gondoli kołysało się na wodach kanału. Gondolierzy w kapelusikach ze wstążką pięknym, posuwistym ruchem pionowego wiosła przemieszczali swe łodzie. Dostojnie usadowili się w nich bogaci Japończycy i Amerykanie. Jeden z gondolierów śpiewał rzewnie *O sole mio*... Serce Lizy drgnęło: „Kiedyś Toni tak nucił dla mnie, miał taki ciepły, aksamitny głos...".

Przed laty Toni brał udział w konkursach, śpiewał w lokalach, na winobraniach. Jakież to były piękne czasy... Kładł obie dłonie na jej ramionach i patrząc w oczy, nucił: „Wiosna przyniesie ci miłość, a jesień rozstanie...". I tak się też stało.

*

Poznali się tamtej wiosny w Neapolu. Liza stała na przystani oparta o balustradę i patrzyła w dal, oczekując na prom. Wybierała się na Capri. Podszedł do niej i poprosił o popilnowanie bagażu.

– Płynie pani na Capri? Na urlop? Mam na imię Toni. Chętnie bym się z panią spotkał – powiedział, uśmiechając się uroczo. – Zapraszam do pianobaru „Aqarius". Gram tam i śpiewam. Mam kontrakt.

Mówił dość dobrą niemczyzną. „Ciekawe – pomyślała – skąd zna ten język?"

Dziwnym zbiegiem okoliczności okazało się, że jest współwłaścicielem pizzerii właśnie w Kolonii.

Po powrocie do Niemiec spotykali się często, spędzali razem upojne noce. Włoch był pełen temperamentu, wylewny, opiekuńczy. Uwielbiała go. Idylla trwała parę lat. Liza zaczęła już nawet snuć plany matrymonialne: ślub odbędzie się w Wenecji, potem popłyną gondolą, będą spacerować po uroczych uliczkach i placykach. Ale Toni jakoś nie kwapił się do ożenku, tłumacząc, że jego zdaniem formalne związki z czasem niszczą wszystko. Liza zaczęła wyczuwać, że coś się między nimi psuje, lecz Toni uspokajał ją, że jest w błędzie, że to tylko ten ciągły brak czasu...

Pewnego dnia, wczesnym rankiem, wpadła do Toniego bez uprzedzenia. Były jego urodziny i chciała mu zrobić niespodziankę. Pizzeria była jeszcze nieczynna. Liza wślizgnęła się bocznym wejściem. Nacisnęła klamkę, drzwi nie były zamknięte. Weszła i... zamarła, nie wierząc własnym oczom. Toni i kelnerka, wtuleni w siebie, drzemali słodko. Chciała krzyknąć, lecz nie mogła dobyć z siebie głosu. Przez chwilę patrzyła na nich, potem zawróciła i trzaskając drzwiami, wybiegła. Poczuła się oszukana przez Toniego, przez los i cały świat. Biegła jak szalona ulicami miasta. Nagle znalazła się przed biurem podróży. Weszła i... zabukowała Wenecję.

„Nie, nie chcę wracać do tego, wspominać. Po co? I tak wszystko skończone. Moja miłość umarła... A może to nie była miłość, tylko kłamstwo, oszustwo i zdrada..."

W hotelu otrzymała pokój z widokiem na morze. Zrobiono dla niej wyjątek, bo pokoje z „*Vista sull mare*" są zarezerwowane dla nowożeńców. Zeszła do baru, usiadła na wysokim stołku przy ladzie i zamówiła drinka. Poczuła się nieco rozluźniona, jakby spokojniejsza.

– *Una bella giornata, signiora*? Piękny dzień. Nieprawdaż, proszę pani? – zagadnął barman, podając jej szklaneczkę campari. Uniosła na niego wzrok i zamarła... Jego oczy miały coś ze spojrzenia Toniego. Pożerał ją wzrokiem, uśmiechał się czarująco i nucił pod nosem *O sole mio*... Po chwili zwrócił się do niej:

– *Signiora czy signiorina*? Stało się coś, że mąż musiał pozostać w domu? Bo tu wszyscy przyjeżdżają parami – skomentował swoje pytania, przyglądając się jej z wyraźnym zainteresowaniem.

– Przyjechałam tu służbowo – odparła oschle. – Pracuję w ministerstwie kultury w Bonn. Mam do załatwienia sporo spraw w Wenecji. Jak zawsze pracy dużo, czasu mało – dodała, żeby zrozumiał, iż nie szuka przygód.

Ale tak naprawdę barman z oczyma Toniego zaintrygował ją, a myśl, że będzie widywała go codziennie była dziwnie podniecająca.

*

Z Lido potrzeba parunastu minut *voporettem*, aby znaleźć się w Wenecji. Liza miała ochotę pospacerować wąskimi uliczkami, zagubić się w tym labiryncie i poczuć smak miasta. Zastanawiała się, co będzie tu robić przez cały tydzień sama. Muzea, kościoły... Właściwie tydzień to za mało, żeby zobaczyć to, co by się chciało. Układała sobie plan w głowie: co, kiedy, gdzie. Lecz twarz barmana ciągle przemykała jej przed oczami. Był tak uderzająco podobny do Toniego – te oczy, głos...

Jakiś żal rozpierał się w jej sercu, samotność stawała się nie do zniesienia. Najchętniej znów by się zakochała. Ale jak? Tego się przecież nie planuje, nie kupuje, to przychodzi samo. Któregoś dnia spotyka się kogoś i już się wie, że to ten...

Wenecja przywitała ją gwarem wielojęzycznej mowy. Na bulwarze Schiavoni ludzie przesuwali się w tę i we w tę mniej lub bardziej zwartymi grupami. Było gorąco, słońce stało wysoko i wszystkie kolory miały nieskazitelne barwy. Nie miała ochoty mieszać się w ten tłum. Szukała ciszy i spokoju. Przesiadła się na inne *vaporetto*, nie pytając nawet o kierunek. „Dziś nie muszę niczego oglądać, dziś chcę po prostu chłonąć nastrój". Przyglądała się bacznie pasażerom, starając się rozróżnić turystów i mieszkańców. Bez trudu rozpoznawała Niemców, Anglików i Japończyków. Ubrani na sportowo, wyposażeni w przewodniki, aparaty fotograficzne i lornetki skwapliwie pożerali oczyma wszystko, aż po skraj horyzontu. Japończycy bez wytchnienia naciskali spusty swych kamer, aby nic nie uronić z piękna mijanych pałaców. Liza nie zastanawiała się, jak prezentuje się w tym krajobrazie, musiała jednak wyglądać inaczej niż turyści, bo nagle jakiś Anglik zapytał łamanym włoskim:

– *Segniora*, czy to dworzec Santa Lucia?

Kiwnęła przytakująco głową i wykrztusiła krótkie: „*Si, si*"...

Vaporetto minęło Canale Grande, Cannaregio i wypłynęło na otwarte wody laguny. Wenecja oddalała się skąpana w promieniach słońca. Z drugiej strony na horyzoncie rysowały się Murano, Burano, San Michele. *Vaporetto* powoli zbliżało się do wyspy, która z daleka swą zielenią obiecywała ciszę i spokój... To cmentarz San Michele. Parę osób z kwiatami owiniętymi w papier stało w pogotowiu do wyjścia. Liza gwałtownie się podniosła i dołączyła do tej grupki. „*Cimitero!*" – zawołał przewoźnik. Parę szarpnięć i uderzeń o pomost i już opuszczała pokład. Wraz z innymi krętymi krużgankami podążyła na cmentarz.

Osiedle odpoczywających wenecjan, cisza, spokój, zieleń, śpiewające ptaki, kwiaty na grobach. Usiadła na schodkach kapliczki i zamyśliła się. Myślała o sensie życia, o miłości, przemijaniu i śmierci. Łzy napłynęły jej do oczu... Nagle poczuła czyjąś rękę na ramieniu.

– Pani tutaj?...

Zaskoczona podniosła głowę. Sympatyczny barman z Lido stał nad nią i wpatrywał się w jej zapłakane oczy.

– Ma pani kogoś bliskiego na tym cmentarzu?

Potrząsnęła przecząco głową.

– Nie, ale umarła moja miłość – wykrztusiła i rozpłakała się na dobre.

– Ja mam tu matkę, zmarła parę miesięcy temu na serce – powiedział ze smutkiem, a potem wziął ją za rękę, pogłaskał, chusteczką ocierał jej łzy. – Na imię mi Mario. Nie płacz, proszę... – i nagle zanucił – „Wiosna przyniesie ci miłość...".

Drgnęła. To były słowa piosenki Toniego, za którą zdobył wyróżnienie w konkursie nowych głosów. Podobieństwo Maria i Toniego było zdumiewające: te same gesty, podobny głos, mimika twarzy. Może to właśnie sprawiło, że poczuła się przy nim tak jakoś swojsko, bezpiecznie.

Spacerowali po cmentarzu. Słońce chyliło się ku zachodowi.

– Wiesz, ja wychowałem się bez ojca, zawsze byłem z matką. Mój ojciec mieszka w Neapolu, ma tam swoją rodzinę... Nie znam ich, wiem tylko, że mam dwóch braci i siostrę. Teraz jestem zupełnie sam. Mama długo chorowała, musiałem być przy niej, nie miałem czasu na rozrywki, nie zdążyłem ułożyć sobie życia. A teraz dobijam czterdziestki. Posłuchaj, czy nie zechciałabyś spędzić tych paru dni ze mną? Pokażę ci Wenecję, okolice, popłyniemy razem gondolą... Dzień mam zawsze wolny, moja praca zaczyna się wieczorem i trwa czasem do rana. Ale dla takiej kobiety jak ty można i ze snu zrezygnować – zaśmiał się zalotnie.

Doszliśmy do grobu jego matki. Przyłożył dwa palce do ust, a potem dotknął jej fotografii.

– Tak całujemy naszych zmarłych – wyjaśnił i ciepło przemówił do fotografii: – Mamo, to jest Liza. Jest tak samo samotna, jak ja. Te dni spędzimy razem. Później opowiem ci wszystko.

*

Dla Lizy każdy dzień z Mariem był piękniejszy od poprzedniego. Nastrój chwil spędzanych razem przypominał jej pierwsze dni z Tonim. Spacerując po plaży, trzymali się za ręce jak dzieci. W krętym labiryncie weneckich uliczek całowali jak nastolatki. W każdym zwiedzanym kościele brali ślub na niby. Wieczorem Liza przesiadywała w barze, przyglądając się, jak Mario miksuje drinki. Było im dobrze, czuli się szczęśliwi. Dnie i noce należały do nich. Lecz czas płynął, było go coraz mniej. Każdy następny dzień był krótszy i cenniejszy od poprzedniego.

Nadszedł moment wyjazdu. Siedzieli smutni w *vaporetto*, nawet słońce nie zaświeciło na pożegnanie. Mario przyniósł bukiet czerwonych róż. – *Amore mio...* – szeptał jej do ucha. – *Amore mio...*

– Przyjedziesz do mnie do Kolonii i znów będziemy razem – mówiła, głaszcząc go po ręku i z trudem powstrzymując łzy. Żal jej było, że ich czas się skończył. A było tak pięknie.

– Przyjadę – uniósł jej dłoń do ust. – Przyjadę niedługo... *Amore mio...* Wiesz, podobno gdzieś w Kolonii mój przyrodni brat Toni ma pizzerię. Pomożesz mi go odszukać?

Liza zamarła, nie była w stanie powiedzieć ani słowa, zawirowało jej w głowie... Czyżby naprawdę ten świat był taki mały?

Wenecja, maj 1997

MOJA MIŁOŚĆ SERENISSIMA

Wenecja była dla mnie zawsze najbardziej fascynującym miejscem na świecie. Odwiedzałem Wenecję parę razy do roku. Znałem ją w każdej szacie, o każdej porze roku. Poruszałem się po mieście bez problemu, czułem się tu, jak u siebie w domu. Często miałem wrażenie, że znam to miasto od zawsze. Wiedziałem, gdzie są najwęższe uliczki; można było rozłożyć ręce od ściany do ściany. Najbardziej tajemne przejścia, zaułki, placyki – wszystko to opanowałem w detalach. Linie *vaporetta* miałem w pamięci, wiedziałem, gdzie i jak dojechać. Zawsze było mi za krótko na mój pobyt, zawsze obiecywałem sobie, że kiedyś przyjadę tu na dłużej. Tęskniłem za tym miastem i zawsze tu wracałem.

*

Byłem wziętym, znanym lekarzem w Barcelonie. Ze specjalnością neurologia i neurochirurgia. Lubiłem mój zawód i miałem wieloletnią praktykę lekarską. Pewnego dnia przywieziono do szpitala znaną osobistość ze świata polityki – z zatorem mózgowym. Pacjent nie miał wielkich szans na przeżycie. Operacja mózgu musiała się odbyć w ciągu paru godzin. Natychmiast podjąłem odpowiednie kroki, aby zebrać zespół doświadczonych kolegów. Ale tego dnia jakby wszystko sprzysięgło się przeciwko mnie... Operacja trwała długo, pacjent zmarł na stole operacyjnym nie odzyskawszy przytomności. Byłem kompletnie załamany. Straciłem wiarę w siebie i w swoje umiejętności. Długo spacerowałem po mieście, aż przypadkowo dotarłem na dworzec kolejowy. Postanowiłem opuścić Barcelonę. Wsiadłem do pociągu stojącego na peronie. Dokąd chciałem jechać, sam nie wiedziałem.

– Dokąd pan życzy sobie bilet? – zapytał konduktor.

– Do Wenecji – odparłem, wyjąłem portfel i zapłaciłem.

I tak oto przemierzałem całą Europę w kierunku Wenecji. Po dwóch dniach podróży z wieloma przesiadkami wysiadłem w Wenecji na dworcu Santa Lucia. Słońce świeciło jak zawsze, poczułem się szczęśliwy. Trzymając ręce w kieszeni i wywijając połami płaszcza, maszerowałem z dumnie podniesioną głową. Odruchowo skierowałem się w stronę mostu i placu św. Marka. Im bliżej placu św. Marka, tym tłoczniej było na ulicach. Mijałem znane mi kamieniczki, pałace, kościoły, sklepy, restauracje. Chciałem jak najszybciej dotrzeć do pałacu Dożów. Usiadłem zmęczony na kamiennej ławce przed pałacem. Byłem szczęśliwy. Wpatrywałem się uparcie w barwny tłum przemieszczający się jak film przed moimi oczyma.

Zmęczenie mi doskwierało, powieki opadały; południowe, jesienne słońce łagodnie ogrzewało moją twarz. Przysnąłem. Nie wiem, jak długo spałem, obudziło mnie potrząsanie za ramię.

– Panie, tu nie miejsce do spania. Idź pan do hotelu – przede mną stał młody włoski policjant.

Zrozumiałem, ale nie umiałem mu odpowiedzieć, słowa więzły mi w gardle. Było już ciemno, na bulwarze Riva degli Schiavoni paliły się latarnie. Patrzyłem na niego szeroko otwartymi oczyma.

– Potrzebuje pan pomocy? – zapytał. – Ma pan jakieś dokumenty, pomogę panu...

Nie wiem, co się ze mną stało, ale nadal nie potrafiłem wykrztusić ani słowa. Zacząłem szukać dokumentów; portfela w płaszczu ani w marynarce nie było. Rozłożyłem bezradnie ręce.

– Ukradziono panu? – zapytał.

W odpowiedzi wydawałem z siebie jakieś nieartykułowane dźwięki:

– Tak... nie... Kocham Wenecję... Wenecja... tak... tak... moja Wenecja...

Nie wiedziałem, co się ze mną stało, kim jestem i dlaczego tu się znalazłem.

– Nazwisko? Narodowość? – pytał dalej młody człowiek, usiłował stawiać pytania po angielsku, po niemiecku.

– ...Tak... tak... Wenecja moja... Wenecja... – zabełkotałem, nie mogąc zebrać myśli.

Zaproponował, żebym poszedł z nim na posterunek, aby choć zgłosić kradzież dokumentów. Od paru dni nie miałem nic w ustach, ale głodu nie czułem, jedynie pragnienie. Cały mój świat, całe moje życie zmieniło się w ciągu tych kilkudziesięciu godzin. Nie wiem, jakich bodźców potrzebowałem, aby przypomnieć sobie, kim jestem i skąd się tu wziąłem. Utwierdzono mnie w przekonaniu, że mam jakąś chorobę mózgu, zanik pamięci. Gdy zobaczyłem moje odbicie w lustrze, zdziwiłem się: nie mogłem siebie rozpoznać, moje włosy były białe jak len.

*

Zimę spędziłem w Mestre, w przytułku dla bezdomnych. Raz dziennie dostawaliśmy ciepły posiłek, można było się umyć, miałem miejsce do spania. Zaopatrzono mnie też w zimową odzież. Mało się poruszałem, ciągle leżałem na moim łóżku, jakbym się bał, że ktoś mi je zajmie. Gdy nadeszła wiosna, postanowiłem opuścić przytułek i udać się do Wenecji. Całe dnie siedziałem na mojej kamiennej ławce w podcieniach pałacu Dożów. Przyglądałem się tłumom turystów ciągnących zwartym korowodem. Znałem zwyczaje weneckich gołębi, poznawałem wśród nich pojedyncze sztuki. Czasem podchodzili do mnie ludzie, ofiarowując mi coś do zjedzenia lub butelkę wody. Niekiedy dostawałem także pieniądze. Pewnego dnia podszedł do mnie młody człowiek. W milczeniu stał przede mną i przyglądał mi się bacznie.

– Carlos, to ty? Niemożliwe! Carlos Bonzano? – zapytał w moim ojczystym języku.

Drgnąłem, jakiś impuls przeszył moje ciało.

– Co ty tu robisz? Co się z tobą działo? Osiwiałeś... Szukałem cię po całej Hiszpanii... żadnego śladu – wykrztusił wszystko jednym tchem. – Aż któregoś dnia przypomniałem sobie, że zawsze powtarzałeś: moja miłość *Serenissima*... Drgnąłem, miałem uczucie, że znam tego człowieka, ale nie wiedziałem skąd.

– ...Moja miłość *Serenissima* – powtórzyłem za nim i spojrzałem na niego.

– Carlos, Carlos, co się z tobą stało? – szarpał mnie za ramiona. – Nie poznajesz mnie, jestem twoim bratem – był całkowicie zdesperowany i bezradny.

Patrzyłem na niego obojętnym wzrokiem. Czy ja go kiedyś znałem? Kiedy to było? Wędrowałem po zakątkach mej pamięci, ale niczego nie mogłem uchwycić. Wszystko zapomniałem.

– Powiedz mi, kim jestem, jak się nazywam i dlaczego tu jestem? – udało mi się wreszcie złożyć parę słów po hiszpańsku.

Młody człowiek opowiedział mi historię o tym, jak zniknąłem po wyjściu z kliniki w Barcelonie. Od tego czasu upłynęło już ponad pół roku. W końcu uznano mnie za zaginionego. Wszystko, co opowiadał, było mi obce; nie mogłem sobie przypomnieć nic z tych zdarzeń.

– Przyjacielu, czy naprawdę jestem Carlosem Bonzano, o którym opowiadasz? Ja nigdy nie miałem brata, nie pamiętam też, żebym był lekarzem. Jestem wenecjaninem, tylko zapomniałem, jak się nazywam. Kiedyś mieszkałem w tym pałacu, a teraz jest tu muzeum i nie chcą mnie wpuścić. Pójdź tam, proszę, przyjacielu. W sali wielkiej rady wisi mój portret. Idź, sam zobacz, to jestem ja. Młody człowiek był zrozpaczony, miał łzy w oczach.

– ... Carlos... Carlos... – cedził słowa. – Co się z tobą stało? Twoje oczy są inne, włosy takie białe... Może rzeczywiście ty nie jesteś Carlosem Bonzano, moim bratem, którego poszukuję...

Bezradność młodego człowieka nie miała granic. Oddalił się. Długo, długo stał i z daleka wpatrywał się we mnie. Potem zniknął w tłumie i nigdy więcej nie powrócił.

*

Wygrzewałem się co dzień w wiosennych promieniach słońca. Z każdym dniem było cieplej i tłoczniej. Kochałem ten gwar, to tętniące życie bulwaru Riva degli Schiavoni. Czasem ludzie pozdrawiali mnie serdecznie, czasem śmiali się ze mnie, pokazując palcami. Było mi to zupełnie obojętne. Radość rozpierała moją duszę, byłem szczęśliwy. Siedziałem całe dnie na kamiennej ławce przed moim pałacem Dożów. Odgłos gwaru ludzkiego, trzepot skrzydeł gołębi, odgłosy życia morza – to było to, czego naprawdę potrzebowałem do życia i szczęścia.

– Moja miłość *Serenissima*... Moja miłość *Serenissima*... – powtarzałem i wydawało mi się to takie znajome, że aż coś we mnie drgnęło.

Wenecja, listopad 1996

ŚLADAMI SALVADORA DALI

– Jedź ze mną do Hiszpanii – zaproponował mi Dirk telefonicznie. Dirk jest jednym z moich przyjaciół. Zajmuje się prezentowaniem sztuki plastycznej. Z zawodu jest fryzjerem, z powołania – artystą. Niektórzy mówią: co ma fryzjer do sztuki? A jednak coś ma. Dirk urządza u siebie, w salonie fryzjerskim, wernisaże. Zaprasza malarzy z całego świata – z Ameryki, Europy, Japonii. Dzięki niemu nasze małe miasteczko może zobaczyć coś więcej niż samorodną sztukę Eifla. Od paru lat Dirk jest stałym gościem w Cadaqués, uroczej miejscowości na wybrzeżu Costa Brava. Tu właśnie, w Cadaqués, Salvador Dali spędził większość swego życia: tu żył i tworzył. Aby zrozumieć sztukę Dalego, trzeba choć raz być w Cadaqués.

*

Jedziemy do Hiszpanii. Po drodze odwiedzamy Francję. W uroczej miejscowości Cave mieszka amerykańska malarka Helen Gilbert. Odwiedzamy ją w jej atelier. Pani Helena – kobieta o cudownych, błękitnych oczach – ma swoje lata, ale jest pełna energii i radości życia. Teraz rozumiem, dlaczego jej dzieła są tak pogodne, pełne światła – są odbiciem jej osobowości. Jej towarzysz życia, Kenneth, też jest artystą malarzem. Tworzą dobraną parę; oboje są wykładowcami w Akademii Sztuk Plastycznych w Honolulu. Jedziemy we czwórkę na kolację do Fitu – przeuroczej osady położonej bardzo malowniczo. Wszystkie zabudowania są wykonane ze spłowiałego piaskowca. Restauracja w stylu prowansalsko-katalońskim. Siedzimy przy świecach, jest swojsko i romantycznie. Przysłuchuję się rozmowie, mało rozumiem, bo nie znam na tyle angielskiego. Następnego dnia żegnamy się i wyruszamy do Hiszpanii. Po drodze zajeżdżamy do przydrożnej winiarni, aby tu zaopatrzyć się w wino na długie, zimowe wieczory. Degustujemy różne wina, po paru próbnych łykach jesteśmy na lekkim rauszu, a przed nami 120 kilometrów do Hiszpanii.

*

Figueras – miasteczko tętniące życiem, miejsce urodzenia Salvadora Dali i pierwszych lat jego życia. Teatr-Muzeum Dalego to największa atrakcja tego miasta. Przed muzeum stoi prawie trzystumetrowa kolejka, ale posuwa się szybko. W muzeum nie może przebywać więcej niż 500 zwiedzających. Na pierwszy rzut oka budynek robi zaskakujące wrażenie. Czerwona cegła, na dachu wielkie, złote jaja. Jest to dawny teatr miejski, który Dali przemienił w przybytek swej sztuki. Po przekroczeniu progu daje się wyczuć panującą tu niesamowitą atmosferę i wibrujące energie. Przy wejściu stoi czarny cadilac, gdzie wita gości Gala, muza Salvadora Dali, wprowadzając w świat surrealizmu. Obok, na wielkim cokole z opon i butelek, ustawiona jest łódka „do góry nogami", symbolizująca połączenie ziemi i nieba. Wszystkie te wytwory surrealizmu wprowadzają wibracje, atakują psychikę widza. Dali lubił, aby wokół niego zawsze coś się działo, aby był ruch. Pochowany jest tu, w muzeum, gdzie dzień w dzień przewijają się tysiące ludzi. Ten tłum przepychających się ludzi i agresywne, prowokujące wizje Dalego robią niesamowite wrażenie. Surrealizm w ogóle jest przepojony grozą i mistyką. Można poczuć się pijanym od tego, co się tam widzi. Wszystko jest przewrotne i szalone. Czyżby Dali miał w oczach pryzmaty, przez które patrzył na świat? Rozszczepiona prawda, świat rozszczepionego, brutalnego realizmu. Wszystko naznaczone stygmatem dziwnej osobowości tego malarza, oscylującego pomiędzy namiętnością pożądania i cierpieniem niespełnienia. Z każdego zakamarka muzeum wyziera duch psychoanalizy. Chodziłam po wąskich korytarzach, zawieszonych od góry do dołu dziełami Dalego i jego przyjaciół. Każde pomieszczenie to jakby wejście do innego wymiaru świata fantazji. Dali to narkotyk, im więcej się go ogląda, tym bardziej się go pragnie. Wyszłam z muzeum oszołomiona niesamowitością jego dzieł.

*

Droga do Cadaqués jest jedną wielką pirenejską serpentyną, najpierw prowadzi pod górę, a potem krętą spiralą gwałtownie spada. Nie ma mowy o wyprzedzaniu, można to przypłacić życiem, po prostu jak kamień osunąć się w przepaść. Na którymś końcowym zakręcie ukazał się Cadaqués – kościół, biała zabudowa, skrawek morza. Wyglądało to wszystko jak ćwiartka słodkiego, kremowego tortu. W Cadaqués urlopowy chaos sierpniowej niedzieli. Kolumnady ciągnących się żółwim tempem samochodów. Ciasno, parkingów nie ma, wszędzie pełno ludzi. Miasteczko leży na skałach Pirenejów. Uliczki wyłożone płytkami naturalnych skał ciągną się w dół i w górę. Wszędzie uroczo i malowniczo. Zabudowa typowa dla południa – białe domy z płaskimi dachami wyłożonymi jasnobeżową dachówką. Na samej górze kościół Santa Maria ze wspaniałym barokowym ołtarzem. Za 100 pesetów na dwie minuty zapala się oświetlenie ołtarza. Wywołuje ono wrażenie lejącej się pozłoty. Znajdują się tu dwa obrazy Dalego. Dirk cierpliwie pokazuje mi wszystko, choć sam ogląda to już któryś tam raz.

Schodzimy stromymi uliczkami miasteczka, aby się spotkać z jego znajomymi, z którymi jesteśmy umówieni.

*

Wieczorem odwiedzamy galerię Carlosa Lonzano. Carlos jest Amerykaninem. W Cadaqués mieszka od lat. Kiedyś należał do dwunastu uczniów Dalego, do jego apostołów. U Carlosa jest wystawa Pandory. Dostaliśmy od niej osobiste zaproszenia na wystawę w Cadaqués. Pandora też należała do kręgu Dalego, była jego modelką i przyjaciółką. Poznałam ją przed trzema laty na wernisażu u Dirka. To bardzo oryginalna postać. Mówi o sobie, że ma coś z ptaka. I rzeczywiście. Jest bardzo wysoka, ma długie ręce jak skrzydła, długie nogi jak bocian czy czapla, bardzo wysokie czoło, oczy na pół twarzy i wielki, wydatny nos jak dziób. Jest wegetarianką, nie jada jajek. Jajo dla niej to symbol życia. Carlos ucieszył się na nasz widok, zaraz zadzwonił po Pandorę. Przyszła z przyjaciółką, czarującą Amerykanką o pięknych, kasztanowych włosach. Margot jest dużo młodsza (około trzydziestki). Powitanie, radość ze spotkania, wymiana uścisków, ciepłe słowa. Poszliśmy razem na kolację do „Casa Nu" – przytulna restauracja i wcale nie droga. Prawdziwa katalońska kuchnia, dużo potraw rybnych, ale także dużo jarskich. Rozmawiamy, choć ja prawie nie znam angielskiego. To dziwne, ale prawdziwe – nie znać języka, ale czuć i rozumieć się nawzajem. Jutro Pandora będzie naszą przewodniczką po okolicy, właściwie moją, bo Dirk zna już to wszystko. A więc jutro ruszamy śladami Dalego.

*

Kabrio Dirka nie bardzo nadaje się na tę wyboistą drogę. Wsiadamy z Pandorą, którą tu wszyscy znają i z daleka pozdrawiają. Słońce świeci, wiatr przebiera we włosach – jedziemy w kierunku Port Lligat. Jest tam dom, w którym Dali spędził większość swego życia. Pandora nie lubi tam jeździć – to smutne, gdy odszedł ktoś, kogo się uwielbiało. Zatrzymujemy się tylko na krótko, patrzymy na dom w oddali, na smukłe cyprysy i wielkie, złote jaja na dachu. Oddaję hołd pamięci mistrza i posuwamy się dalej wzdłuż skalistego wybrzeża. Przedziwne kolorowe głazy, skaliste plaże, malownicze urwiska, małe dolinki porośnięte drzewami oliwnymi – wszystko, co można odczytać w obrazach Dalego. Skały katalońskich Pirenejów są bogate – granit we wszelkich barwach, łupki krystaliczne; takiej różnorodności barw nigdy nie widziałam w naturze. Żyją tu malarze, którzy ze skał właśnie otrzymują naturalne barwniki do farb i malują obrazy w kolorach Pirenejów. Jednym z nich jest Wolfgang Berus. Poruszaliśmy się w dzikim pejzażu, skacząc z kamienia na kamień. Pandora prowadziła nas szlakiem Dalego tam, gdzie chodziła razem z nim. Pokazywała różne ciekawe skały, które można odnaleźć na jego obrazach. Chwilami musieliśmy się przeciskać pomiędzy wyłomami skalnymi. W pewnym momencie było to ponad moje możliwości, usiadłam na skale i nie miałam odwagi iść dalej. Pandora i Dirk zeszli daleko w dół, żeby popływać w morzu. Lubię podziwiać krajobrazy, ale takie zetknięcie z naturą było dla mnie szokujące. Siedziałam na skale jak ptak. Wszędzie wyłomy skalne – z jednej strony morze, a z drugiej przepaść. Wracamy. Jest gorąco, ale pięknie. Słońce podkreśla barwy – cała gama terrakoty, żółci, zieleni, brązu. Nie dziwię się artystom – w tej pięknej krainie kamieni można znaleźć natchnienie i tworzyć. Robimy pamiątkowe zdjęcia. Wiem, że kiedyś jeszcze tu wrócę.

*

Następny dzień przeznaczam na zwiedzanie muzeów. W Cadaqués jest ich kilka. Muzeum założone przez kapitana Perrota Moore, sekretarza Dalego. Kapitan nie cieszył się dobrą opinią. Pandora mówi, że on – delikatnie określając – przywłaszczał sobie dzieła sławnego malarza, czyli po prostu go okradał. Teraz całe muzeum to jego własność. Zostało otwarte w 1978 roku, a na otwarcie zbudowano małą salę teatralną. Dla Salvadora Dali występowały tam różne znakomitości światowe. Muzeum miejskie, wystawa retrospektywna „Antologia 1916-1980". Wystawa pokazuje przekrój całej twórczości Dalego, poczynając od rysunków, które malował, mając 12 lat; już wtedy miał wystawę, która była w budynku obecnego Teatru-Muzeum w Figueres. Dzieła z różnych okresów życia znakomicie obrazują rozwój artysty. Nie mogłam rozstać się z tym muzeum.

Był czas sjesty. Pracownik muzeum ostentacyjnie wyjął chleb, popatrzył na mnie i mruknął znacząco: „*Sjesta*". W muzeum nie było już nikogo poza mną. W pobliskiej restauracji panowała przytulna atmosfera. Wypiłam gaspaccio, zimną orzeźwiającą zupę pomidorową, zjadałam szparagi, krem katalana z prawdziwą skorupką z cukru. I poszłam popatrzeć z góry na Cadaqués. Wieczorem idziemy do galerii Carlosa, Dirk załatwia interesy, a ja nie mogę się oprzeć kupieniu jednego z obrazów Pandory z cyklu „Kapitol". Kobieta z głową diabła. Przypomina mi to Diabła w kartach do tarota. Ten obraz ma w sobie coś z mistyki, coś z grozy lub z innego świata. Jest demoniczny jak sama malarka. Pandora ma w sobie coś surrealistycznego. Poza niesamowitym wyglądem również w osobowości i niebanalnym sposobie bycia. Jest człowiekiem wolnym, seksualnie otwartym na wszystko. Jest lesbijką i nie robi z tego tajemnicy. Podobałam się jej, parę razy podkreślała, że jestem sexy. W końcu postawiła sprawę wprost: „Chciałabym kochać się z tobą. Co ty na to?". Margot zaprotestowała. A ja odezwałam się na luzie: „W życiu wszystko jest możliwe. Czego nie ma dziś, może być jutro. Granice ustanawiają sobie sami ludzie. Więc może kiedyś... – uścisnęłam ją. – Przecież jeszcze się spotkamy...". Poczułam się dziwnie. Sama nie wiem, jak to określić. Nigdy nie miałam pociągu erotycznego do kobiet, a może ona nie jest kobietą i dlatego tak mnie fascynuje wszystko, co jest z nią związane? Nie znam na tyle angielskiego, żeby z nią swobodnie porozmawiać, ale coś w tym musi być.

*

Idziemy ulicami Cadaqués. Pandora prowadzi mnie jak w tańcu, jak w polonezie. Trzymam dłoń na jej wyprostowanej, uniesionej ręce, idziemy środkiem ulicy. Zatrzymują się ludzie, samochody. Pandora jest tu znana, pamięta ją starsza generacja. Młodzi patrzą na nas jak na zjawisko z innego świata. Chyba obie wyglądamy jak surrealistyczne anioły z płócien Dalego. Przemaszerowałyśmy przez całe Cadaqués, aż do kawiarni „Casino" na głównej ulicy. Wokół Pandory zaraz pojawili się różni ludzie. Pandora przedstawia – to byli przyjaciele Dalego, ludzie związani z jego środowiskiem. Przez pół godziny przewija się cała plejada osobistości Cadaqués. Przedstawiono mi ponad 20 osób, nie jestem w stanie zapamiętać nazwisk, twarzy: syn Buñuela i jego żona, artyści, malarze – Helena Paredes, Helene Accursi, Nabuco Kihira i inni. Wszyscy mieli coś wspólnego z Dalim, a przynajmniej żyli w jego cieniu. Dali odszedł, ale jego cień pozostał na zawsze w Cadaqués. To wielkie przeżycie spotkać ludzi z kręgu wielkiego malarza, chodzić uliczkami, po których chodził. Czuję, jakbym go tu osobiście poznała, stał mi się o wiele bliższy. Zawsze fascynowała mnie jego ekstrawagancja i prowokacyjny ekshibicjonizm, jego przedziwne surrealistyczne wizje inspirowane popędem biologicznym, za nic mającym tradycyjne hierarchie wartości. Te trzy dni w Hiszpanii i spotkanie z Salvadorem Dali przekonały mnie, że nasze życie to czysty surrealizm. Tylko, że nikt nie potrafi spojrzeć na nie oczyma Salvadora Dali, oczyma ekscentryka, a zarazem geniusza naszych czasów.

Cadaqués, sierpień 1996

SPOTKANIE Z ANDALUZJĄ

Autobus poruszał się powoli, złe kręte drogi, wiszące nagie skały poprzecinane zielenią, wszystko robiło niesamowite wrażenie. Gdzieniegdzie widać było domy wbudowane w skały, z których sterczały wystające białe kominy, urozmaicające krajobraz. Potem zaczęła się ciągnąć ogromna równina z łąkami pełnymi maków, łanów młodych zbóż, gajów oliwnych. Powoli zapadał zmrok, zbliżaliśmy się do Sewilli. Wspaniałe światło przed zmierzchem nasyciło krajobraz miękką złoto-różową aurą. Sewilla posiada niezwykły urok, jest przytulna, intymna, cicha. Życie wydaje się tu spokojne i bezpieczne. Zaraz po zachodzie słońca powiał lekki orzeźwiający wiatr, nastał wieczór bez cienia wilgoci i przejmującego zimna.

Dochodzi północ, wielkopiątkowa, kwietniowa gwiaździsta noc. Głęboki mrok spowija plac, przy bramie Puerta de Macarena, na placu tysiące ludzi oczekujących w milczeniu na misterium. I nagle wibruje nad placem głośne uderzenie dzwonu... brama otwiera się z hukiem i bucha snop światła. Wychodzi procesja w dźwiękach ogłuszających fanfar trąb, tętniących werbli, w migających światłach świec, witana przez zebranych nie milknącymi okrzykami... *la Macarena, la Macarena, la Macarena.*

Powolnym rozkołysanym krokiem postępują naprzód szeregi muskularnych, barczystych mężczyzn, dźwigających na ramionach belki a na nich podest, z którego skąpana w kwiatach wyciąga do tłumu delikatne białe dłonie ona, *la Macarena*, wielbiona przez Andaluzyjczyków „*Nuestra Señora de la Esperanza*". Madonna Nadziei o ślicznej słodkiej twarzy andaluzyjskiej dziewczyny, płacząca skrzącymi się w blasku świec diamentowymi łzami. Poprzedza ją świta, oddział rzymskich pretorianów w historycznych zbrojach i straż przyboczna w ogromnych biało-czerwonych pióropuszach. I ta sama niezmienna od stuleci asysta członków bractwa w brązowych, długich do ziemi habitach, w wysokich szpiczastych kapturach nasuniętych głęboko na twarz z wycięciami na oczy, posuwa się majestatycznie z wielkimi zapalonymi gromnicami.

Wielki Tydzień w Sewilli, a w szczególności nocna procesja wielkopiątkowa, jest punktem kulminacyjnym obchodów tygodnia – *Semana Santa*. Macarena jest dumą sewillańczyków, jej podobizny zdobią afisze, plakaty zwiastujące Wielki Tydzień.

Podczas procesji z tłumu dobiega raz po raz ekstatyczny śpiew „*canto jondo*" mówiący o bólu i cierpieniach związanych z męką Chrystusa. Jak każde święto ludowe, procesja jest w gruncie rzeczy radosna. Radosny tłum i kwitnąca przyroda, kontrastują z żałobą Wielkiego Tygodnia.

Obserwując tłum zgromadzony na trasie wielogodzinnej procesji, trudno się powstrzymać od wrażenia teatralności tego spektaklu. Zdumiewający jest kult posągu *la Macareny*. Trudno się dopatrzyć w tym kolorowym, wyniosłym korowodzie żałoby Wielkiego Tygodnia. Jednocześnie czuje się najprawdziwszy i najczystszy folklor, który przetrwał do dziś w swej nieskazitelnej formie. Stroje noszone przez uczestników procesji są przechowywane od stuleci, wykonane misternie z drogich materiałów, pełne złotych obszyć i cennych kamieni. Aby odpocząć, oddaliliśmy się od ogłuszającego tłumu procesji. Usiedliśmy na tarasie piwiarni podziwiając światło nocy, wdychając atmosferę placyku, patrząc, jak piękne andaluzyjskie dziewczyny obmywają twarze w małej, barokowej fontannie.

W Sewilli wszędzie są ogródki kawiarniane i piwiarnie, małe placyki i wąskie uliczki wypełnione radosnymi, młodymi ludźmi. Może to światło, może to ciepło sprawia, że tutejsi ludzie mają nieopisany wdzięk. Jakaś dziewczyna roznosiła kwiaty migdałów, kupowały je kobiety i wpinały sobie we włosy, zapach tych kwiatów działał odurzająco. Była noc, wracaliśmy do hotelu poprzez place i ulice pełne ludzi pijących wino i piwo. Nastrój był wspaniały i gdyby nie znużenie podróżą i wrażeniami, też pewnie zostalibyśmy do rana razem ze świętującymi Andaluzyjczykami.

Trwa tydzień fiesty kwietniowej „*Feria de abril*". Wieczorami na półkolistym placu hiszpańskim gromadzi się tłum, gdzie trwa całonocny konkurs sewilliany, odmiany flamenco pełnego śpiewu i tańca przy akompaniamencie gitary, kastanietów i klaskania.

Małe dwu, trzyletnie dziewczynki w falbaniastych sukniach do ziemi, z włosami upiętymi wysoko na specjalnych grzebieniach, próbowały tańczyć ze wzruszającym wdziękiem i wrodzonym poczuciem rytmu. Większość ludzi wypełniających plac miała na palcach kastaniety i klaszcząc wybijała rytm. Cały plac Hiszpański pulsując, tańczył flamenco. Flamenco stworzył andaluzyjski chłop z miłości do swojej ziemi, którą kocha i uprawia, a od niej zależy jego los, jego dola i niedola. Flamenco to pieśń serca, pieśń o cierpieniu, pieśń pełna żalu, pasji, szaleństwa, jest ona łkaniem duszy prostego człowieka. Inne rodzaje to flamenco powstałe na bazie elementów cygańskich i arabskich, jest w nich więcej tańca i stukotu butów mają w sobie więcej radości niż sewilliana. Wszyscy ci ludzie są prawdziwymi wirtuozami; łkania gitar, stukot obcasów, kastaniety, wszystko zlewało się z szelestem falban i wszystko to było jak prawdziwe szaleństwo. Pulsuje życie; restauracje, winiarnie pełne są rozbawionych Andaluzyjczyków, wino leje się strumieniami. Zwarty tłum przelewa się uliczkami, podziwia dekoracje, oklaskuje tańczących. Wesołe miasteczka błyskają kolorowymi światłami, dookoła zapach pachnących ciasteczek anyżowych, smażonych złocistych rybek, wszystko to miesza się ze sobą, tworząc niezapomnianą atmosferę.

„Feria” przyciąga tysiące ludzi, korowód snującego się tłumu nie ma początku i nie ma końca. Widać także turystów łapczywie fotografujących co się da, tak jakby ta defilada za moment miała się skończyć i wszystko mogłoby zniknąć. Ale „Feria kwietniowa” wciąż trwa, a nastrój ogarnia wszystkich, przestaje być ważna praca, obowiązki, szkoła, dom. „Feria”, fiesta to coś więcej niż taniec, wino i śpiew. „Feria” to coś, co towarzyszy sewillańczykom całe życie, to upajanie się nastrojem, rytmem i czekaniem na następną fiestę czy „ferię”, która znów przyjdzie za rok.

Sewilla, kwiecień 2005

PLUS MINUS PIĘTNAŚCIE...

Piazza Duomo to więcej niż plac katedralny. Katedra mediolańska to więcej niż świątynia, to dusza Mediolanu. Potężna, monumentalna budowla z szaro-różowego granitu z trzema tysiącami wieżyczek, na najwyższej złoci się mediolańska Madonnina.

Siedzę niedaleko w starym mediolańskim cafe-bar „Zucca"; patrzę na przemieszczające się grupki turystów i popijam tradycyjne *cappuccio* z pianką suto posypaną kakao; robię notatki w moim dzienniku.

Zauważyłam, że zza gazety dyskretnie lustruje mnie siwowłosy starszy pan. Nasze oczy spotkały się, uśmiechnęłam się do niego, skinął głową.

– *Come Lei scrive?* (Co pani pisze?) – usłyszałam po chwili.

Obok stał siwy Włoch.

– Dziennik – odparłam. Popatrzył mi głęboko w oczy.

– Moja żona też pisała – powiedział cicho. Uśmiechnęłam się.

– Czy pisuje nadal? – spytałam.

– Mogę usiąść? Pani sama?

– Obserwuję panią od paru minut. Ach! Przepraszam – Luciano Calduci – przedstawił się. Wymieniłam moje imię i nazwisko.

– Cieszę się, że mówi pani po włosku...

– „Mówi"? Ja się zaledwie mogę porozumieć... A chciałabym rozmawiać, dyskutować...

– O czym ?

– No choćby o życiu... – stwierdziłam nieśmiało.

Roześmiał się, składając gazetę – a więc porozmawiajmy – powiedział zachęcająco.

Popatrzyłam milcząco na niego, nie wiedziałam, jak zacząć, co powiedzieć...

On kontynuował: – Jestem emerytowanym profesorem filozofii Uniwersytetu Katolickiego w Mediolanie, mam wiele lat pracy za sobą, lubię ludzi mądrych, którzy czegoś w życiu szukają... Tak jak pani... nieprawdaż? – poprawił dłonią włosy, które rozwiał wiatr.

– I co pani tam dziś napisała ? – wskazał palcem na zeszyt.

– Przerabiam problemy życiowe... Wczoraj były moje 53 urodziny, od lat jestem sama... Brakuje mi bratniej duszy... Trzy małżeństwa zakończone fiaskiem, nie wiem dlaczego... Przerastam tych mężczyzn? Przychodzi dzień, że nie mamy sobie nic do powiedzenia. Wprawdzie mam przyjaciela młodszego o 15 lat. Jest mi z nim dobrze, ale układ bez „przypraw" jest jak zupa bez smaku, brakuje erotyki, seksu – nie wiem dlaczego. Niech pan powie, czy mi czegoś brakuje? – roześmiał się głośno, chwycił moją dłoń i podniósł do ust.

– Kobieto, z ciebie wypływa strugami coś, co nazwę seksapil. Masz w sobie to, co mają gwiazdy, kobiety świata... Jesteś atrakcją dla takich jak ja, ale także dla trzydziestolatków. Kobieta dla wszystkich... i dla nikogo – dodał po chwili.

Spuścił oczy, uśmiech zniknął z jego twarzy. Założył nogę na nogę i mówił dalej.

– Od paru miesięcy jestem wdowcem, dobijam siedemdziesiątki, moja żona była 15 lat starsza. To była wspaniała, cudowna kobieta, jak pani... Ostatniego dnia życia, umierając, powiedziała: „Szkoda, że odchodzę, nadszedł mój czas, różnica, która nas dzieli, jest nieubłagana..." – zamyślił się. Milczałam.

– Pani ma coś z niej, gdy pani tu weszła, to tak jakbym ją widział przed 35 laty. Siedziała tu w tej kawiarni i pisała tak jak dziś pani. Byłem wtedy młodym, dojrzałym mężczyzną, szykowałem się do objęcia kierowniczego stanowiska zastępcy w katedrze filozofii.

– Jakże ciekawe prowadziliśmy rozmowy. Dzieci nie mieliśmy, było za późno, Stella przekroczyła pięćdziesiątkę, ale miała w sobie tyle uroku, młodości, energii. Potrafiła zaczarować każdego mężczyznę... Mimo że byłem zawsze bardzo zajęty – zjazdy, obrady, konferencje naukowe, polityka, mieliśmy zawsze dla siebie czas. Stella była redaktorką w jednym z czasopism kobiecych, prowadziła rubrykę listów i porad. To ja byłem jej wyrocznią, mówiła: „Jesteś młody, masz świeże spojrzenie. Ja ze swym balastem życiowym, widzę wszystko inaczej".

Ważyła moje słowa, uwagi; coś dodawała, coś odejmowała... Życie z nią było piękne, pełne napięcia, posmaku, jakiejś ciągłej świeżości, ruchu, niepewności. Stella miała genialne idee, a filozofia była dla niej zbyt pragmatyczna jako nauka sama w sobie. Wiosną, gdy jej letnie sukienki oblepiał wiatr na jej ciele pełnym pożądania, snuły się za nią grupy podrostków, dojrzałych mężczyzn i dziadków. A ona dobrze wiedziała, jak ich wieść za sobą. Potem śmiała się dziwacznie i mówiła: „Kocham ich wszystkich... Są cudowni... Cóż byłoby warte życie bez mężczyzn!".

Podziwiałem ją co dzień, jej kobiecość, świeżość, seksapil. Rozgadałem się – skwitował.

Jego oczy się zaszkliły, podrapał się po głowie.

– No proszę, niech pani coś opowie o sobie... to tak będzie, jakby Stella mi opowiadała.

– Cóż... w moim życiu mężczyźni przewijają się jak w kalejdoskopie. Jednych pamiętam dłużej, innych krócej, albo wcale. Ciągle szukam tego czegoś, co pozwoli mi być kobietą w pełni... Nie matką, nie siostrą, nianką, przyjaciółką, koleżanką. Mężczyzny, dla którego byłabym zawsze i wszędzie kobietą: przy pracy, w domu, na ulicy, w łóżku, w kuchni, rozczochrana, elegancka, krzycząca, śpiąca, uwodząca, zapłakana roześmiana – wyrzuciłam z siebie.

– Pani jest wspaniała – przerwał mi. – Pani jest kobietą wielkiego formatu, mądra, inteligentna. Tylko ci, których pani spotyka, nie są mężczyznami, są dziećmi, synami, kalekami, niedołęgami, zagubionymi wagabundami... Oni nie są dla pani, ten prawdziwy kiedyś przyjdzie – czekać!

– Proszę, niech mi pan powie, czy wiek, czy różnica lat jest istotna? Przecież pan przeżył 35 lat ze swoją żoną... to szmat czasu.

Patrzył na mnie długo w milczeniu, zaglądał w oczy.

– Miłość nie zna liczydła, nie zna komputera, nie umie liczyć lat i pieniędzy – powiedział cicho, zamieszał kawę i szybko ją wypił. – Kawę piję zawsze rano, wieczorem mi szkodzi – wyszeptał. – Stella...

Oczy mu się zaszkliły.

– Porozmawiajmy o pani, pani włoski jest wspaniały – zachęcał mnie w ten sposób do rozmowy. Nie wiedziałam, co powiedzieć. Profesor ciągnął:

– Ludzi paraliżuje i ogranicza strach przed odpowiedzialnością za drugiego człowieka. Myśli się często, co będzie później, co czas przyniesie... Trzeba zaufać sobie, drugiemu człowiekowi. Nie słuchać, co mówią ludzie. Każdy człowiek jest odpowiedzialny przed sobą za własne życie, za to, co robi, jak postępuje. Cenę poznaje się wtedy, gdy się coś straciło, może być to człowiek, może być coś, co się w życiu osiągnęło, także coś materialnego. Gdy się jest w posiadaniu, nie czuje się wartości. Powiem pani coś. Ma pani w sobie tyle energii i tyle jakiejś siły, magnetyzmu świata – to właśnie przyciąga do pani ludzi. Przyglądałem się, gdy pani szła, jakbym Stellę widział...

Nagle zapytał: – Ile lat różnicy jest pomiędzy nami? Ach! 15 lat... tylko w drugą stronę – powiedział cicho. – Teraz jest pani dla mnie dużo, dużo za młoda, dla czterdziestolatka byłaby pani w sam raz, bo my mężczyźni nie umiemy tak energią sterować jak kobiety – popatrzył na mnie tajemniczo i po chwili dodał: – Tylko miłość nie zna granic. To ludzie wyznaczają granice sobie i innym – uśmiechnął się do mnie serdecznie. – Gdybym teraz był w pani wieku, albo o 10 lat młodszy, nie siedzielibyśmy tu, tylko w łóżku. Wybaczy mi pani swobodę marzeń!

Śmiałam się razem z nim.

– Pani rówieśnicy są dla pani za starzy, młodsi 10-15 lat to partnerzy dla ciała i duszy. Ciało się starzeje, lecz dusza i intelekt nigdy. Pani ma w sobie wieczną młodość, młodość, którą miała Stella. A teraz znikam. Jeżeli ma pani ochotę porozmawiać, jestem tu codziennie, zawsze od 10 do 12, w niedzielę idę do kościoła i na cmentarz.

Ach! Gdyby przypadkiem mnie pani tu nie zastała... Cóż, kiedyś to się zdarzy... będzie to oznaczało, że Stella znów zapragnęła mnie mieć tylko dla siebie. *Adieu!*

Mediolan, 1 maja 1999

SPIS TREŚCI

ŻYCIE JEST GRĄ 5
METANOJA, CZYLI SZKOŁA UCZUĆ 9
PRZESUNIĘCIE W CZASIE 18
SEN 24
ISKETAŃSKIE POCZTÓWKI (1) *DOLCE TERREMOTO* 29
ISKETAŃSKIE POCZTÓWKI (2) *TI VOGLIO BENE* 35
UCZENNICA CZAROWNIKA 38
ARABSKIE NOCE 43
WENECKI SOBOWTÓR 52
MOJA MIŁOŚĆ SERENISSIMA 57
ŚLADAMI SALVADORA DALI 61
SPOTKANIE Z ANDALUZJĄ 66
PLUS MINUS PIĘTNAŚCIE... 69

www.ingramcontent.com/pod-product-compliance
Lightning Source LLC
LaVergne TN
LVHW051935220826
846093LV00013B/520

* 9 7 8 8 3 6 1 3 4 8 0 1 6 *